中等职业教育规划教材
ZHONGDENG ZHIYE JIAOYU GUIHUA JIAOCAI

邓筱玲 许宝利 ◎ 主编
李芳芳 廖珺虹 甘璐 ◎ 副主编

应用文写作

第2版

人民邮电出版社
北京

图书在版编目（CIP）数据

应用文写作 / 邓筱玲，许宝利主编. -- 2版. -- 北京：人民邮电出版社，2013.6（2020.1重印）
中等职业教育规划教材
ISBN 978-7-115-30956-3

Ⅰ. ①应… Ⅱ. ①邓… ②许… Ⅲ. ①汉语－应用文－写作－中等专业学校－教材 Ⅳ. ①H152.3

中国版本图书馆CIP数据核字(2013)第025065号

内 容 提 要

本书依中等职业学校学生的学习特点和实际需求而编写。全书共分八篇，分别为综述篇、公文篇、宣传篇、法律篇、经济篇、事务篇、礼仪篇和涉外篇。每篇除介绍基本知识及相关写作方法外，还依据实际案例对其格式进行详述和评价，并在全文穿插相关知识点及小故事。

本书文字简洁，通俗易懂，实用性强，可作为中等职业学校各专业的教材，也可作为相关读者的自学读物。

中等职业教育规划教材

应用文写作（第2版）

◆ 主　　编　邓筱玲　许宝利
　副 主 编　李芳芳　廖珺虹　甘　璐
　责任编辑　王　平
◆ 人民邮电出版社出版发行　　北京市丰台区成寿寺路11号
　邮编　100164　　电子邮件　315@ptpress.com.cn
　网址　http://www.ptpress.com.cn
　大厂聚鑫印刷有限责任公司印刷
◆ 开本：787×1092　1/16
　印张：13　　2013年6月第2版
　字数：300千字　　2020年1月河北第11次印刷

ISBN 978-7-115-30956-3

定价：29.80元

读者服务热线：(010)81055256　印装质量热线：(010)81055316

反盗版热线：(010)81055315

广告经营许可证：京东工商广登字20170147号

本书编委会成员

主　编：邓筱玲　许宝利

副主编：李芳芳　廖珺虹　甘　璐

编　委：邹春芳　赵　莉　高莺娜

杨　明　陈一锐　王　师

李佳钰　李雪莲　汤林芯

第 2 版前言

应用文写作历史源远流长。自周始，就出现了我国最早的一部应用文写作专集《尚书》。至秦汉时期，就规定了国家机关的文书制度。随着社会的发展，应用文写作也不断变化，并逐步国际化、专业化、现代化，越来越融入人们的学习和工作中。

应用文写作，可以说是文字的最初功用。三国的曹丕曾在《典论·论文》中推崇："盖文章经国之大业，不朽之盛事。"从古至今，更是出现不少善写应用文的大家，诸如：李斯写过不少仿雅颂的刻石文，贾谊善写疏牍文，蔡邕以碑志文称著，韩愈的《祭十二郎文》脍炙人口。

应用文写作是一种最直接、最有效的表述思维、交流思想、传播信息、解决问题，为社会实现服务的写作。本书将应用文写作归纳为八类，此次修订较第 1 版不仅全面系统地讲述了应用文写作的基本知识，而且通过相应案例、相关知识和故事链接的栏目，使学生尽快掌握相应文体格式的写作要领。

本书各篇体例及具体栏目设计如下。

★ **开篇寄语**：用生动优美的语言概述本篇的主要内容，提高学生学习的兴趣。
★ **应知导航**：用简洁的语言概括本课需要掌握的知识。
★ **知识探究**：具体阐述有关学习要点。
★ **知识拓展**：通过列举实例和对实例的分析，加深学生对知识的理解和运用。
★ **学以致用**：提供有关思考与练习，通过实践让学生能熟练运用所学的知识。

本书由邓筱玲、许宝利任主编，由李芳芳、廖珺虹、甘璐任副主编，参加编写工作的还有邹春芳、赵莉、高莺娜、杨明、陈一锐、王师、李佳钰、李雪莲、汤林芯。

本书在编写过程中，参考了不少资料，在此对其作者、编者表示真诚的感谢。由于水平有限，书中难免存在缺点和不妥之处，敬请专家和广大读者批评指正！

编　者

2013 年 4 月

目录

综述篇——应用文重在应用

第一课 应用文概述 …… 2
第二课 应用文的写作要求及表达方式 …… 4

公文篇——公文是信息、政策的载体

第一课 公文概述 …… 9
第二课 命令（令） 决定 意见 …… 14
第三课 公告 通告 …… 19
第四课 通报 …… 23
第五课 通知 …… 27
第六课 报告 请示 批复 …… 31
第七课 议案 …… 37
第八课 函 …… 40
第九课 会议纪要 …… 42

宣传篇——让世界与我共思共想，让我与世界同长同强

第一课 宣传应用文 …… 49
第二课 新闻稿 …… 50
第三课 广播稿 …… 53
第四课 演讲稿 …… 56
第五课 通讯 解说词 …… 60

法律篇——规矩成就方圆

第一课 法律应用文概述 …… 72
第二课 起诉状 …… 72
第三课 经济纠纷起诉状 …… 79
第四课 上诉状 申诉状 答辩状 …… 83

经济篇——经济是基础

第一课 经济应用文概述 …… 94

第二课　意向书 …… 95
第三课　经济合同 …… 98
第四课　说明书 …… 101
第五课　广告 …… 104
第六课　招标书　投标书 …… 108
*第七课　市场预测报告 …… 115
*第八课　经济活动分析报告 …… 119

事务篇——事务管理指南

第一课　事务应用文概述 …… 127
第二课　证明信　推荐信 …… 128
第三课　感谢信　慰问信　贺信 …… 130
第四课　倡议书　建议书　申请书 …… 133
第五课　计划 …… 136
第六课　总结 …… 138
第七课　会议记录 …… 141
第八课　简报 …… 145
第九课　调查报告 …… 149
*第十课　规章制度 …… 153
*第十一课　启事　海报 …… 157
*第十二课　述职报告 …… 160

礼仪篇——尊古循今，知礼有节

第一课　礼仪应用文概述 …… 167
第二课　欢迎词　欢送词 …… 168
第三课　开幕词　祝词 …… 171
第四课　请柬　聘书 …… 175

涉外篇——与全球同步，与世界接轨

第一课　涉外应用文概述 …… 180
第二课　涉外函电 …… 181
第三课　备忘录 …… 183
*第四课　涉外经济合同 …… 185
*第五课　涉外商情调研报告 …… 189
*第六课　商品经销和代理文书 …… 192

附录　国家行政机关公文处理办法

参考文献

开篇寄语

我们学习应用文，重在将它广泛应用于生活中，上传下达、信息交流都处处体现了应用文的重要性。写一份通告，做一份会议纪要，起草一份企业合同，也许会成为未来工作中的某项工作内容。掌握应用文写作，并学以致用，将使我们受益良多。

综述篇

——应用文重在应用

第一课 应用文概述

【应知导航】

(1) 理解应用文的基本概念。

(2) 了解应用文的作用、特点及种类。

【知识探究】

一、应用文的概念及作用

1. 概念

应用文又称文书，是党政机关、企事业单位、社会团体及人民群众在处理日常公私事务时所使用的具有一定格式的实用性文体统称，是人们交流思想、互通情况、解决问题、处理事务的工具。

2. 作用

(1) 规范和准绳作用。应用文的一个重要组成部分就是公文。党和国家颁布政策、法令、章程及规定时，都采用公文。国家往往以法律或行政手段来保障公文的实施。这些文件对百姓的生活起着规范和准绳作用。

> **闲言碎语**
>
> ①我国历史上最早的应用文是晚清在河南安阳发现的殷商时期刻在甲骨上的“卜辞”。
>
> ②在我国历史上第一次正式提出“应用文”这一概念的人是清代学者刘熙载。他在《艺概》中写道：“辞命体，推之可为一切应用之文。应用文有上行、有平行、有下行，重其辞，乃所以重其实也。”这一概念主要指公文写作，强调语言的准确和内容的真实。

(2) 宣传和教育作用。应用文是党和国家宣传路线、方针、政策及法规、意见的重要工具。这些具有宣传教育作用的应用文能帮助人们认清形势，使干部、群众统一思想，提高认识水平，协调行动。

(3) 交流和沟通作用。应用文是保持联系、加强交流和沟通的重要手段。下情上知，上情下达，互相协作，这些都需要应用文的往来。例如，推荐信、感谢信等书信往来可以互相交流思想感情，增进友好关系；广告能传播商业贸易、文化教育等各类信息；调查报告能深入了解一个地方、一个部门或一个行业的情况或问题。

(4) 凭证和档案作用。在人们参与某项事务、承担某项责任时，应用文能起到凭证和依据的作用。一份公文，既是发文机关表达意图的凭证，又是收文机关贯彻执行、开展工作的依据；合同一经签订后就成为双方承担责任的凭证，必须严格遵守。各种应用文在发挥了现行作用后，又可以转化为档案，成为历史资料供后人查阅。

二、应用文的一般特点

应用文具有实用性、程式性、时效性、朴实性等特点。

1. 实用性

实用性是应用文最重要的特点，其他特点都是由实用性决定的。实用性主要表现在以下两个方面。

（1）在内容上，应用文具有明确的目的和阅读对象。应用文就事论事，有的直接阐述作者的观点、看法、主张，有的事项具体，直接要求下级贯彻执行。

（2）在形式上，应用文有一套为内容服务的结构、格式、语言，具有惯用性。

概括来说，应用文实用性的精髓就是内容实用，不尚空谈，形式得体，不求新奇。

2. 程式性

各类应用文一般都有惯用的格式和行文规则，各种格式不能随便混用。书信有书信的写法，合同有合同的款式，公文写作则必须严格按照国务院办公厅2000年8月发布的《国家行政机关公文处理办法》规定的格式要求去做。

3. 时效性

应用文是为解决和处理现实生活中的具体问题而写的，所以具有很强的时效性。如果拖拖拉拉，不及时行文，文章就失去了价值。

4. 朴实性

在语言风格上应用文应简明、得体。应用文写作应该简洁明了，不能给对方带来理解上的困难，这样才能提高处理事务的效率。

应用文与文学作品的区别如表1－1所示。

知识链接

表1－1　应用文与文学作品的区别

应用写作	文学写作
逻辑思维	形象思维
生活真实	艺术真实
实用价值	艺术价值
格式规约	个性独创
准确平实	生动形象

三、应用文的种类

应用文根据不同的标准，有不同的分类方法。目前应用文中，除公文国家有明确的规范以外，其他类别的划分还没有统一标准。下面简单介绍几种分类。

（1）按作者身份和行文性质分，可以分为以组织名义发文的应用文、用以处理公务的应用文和用以处理个人事务的应用文。

（2）按使用范围分，可以分为通用类和专用类。

为了从整体上把握应用文的种类，本书综合几种分类标准，将应用文分为以下类别，如图 1－1 所示。

- 应用文
  - 公务文体
    - 通用类
      - 行政公文：公告、通告、通知、通报等
      - 事务应用文：计划、总结、会议记录等
    - 专用类
      - 法律应用文：起诉状、自诉状等
      - 经济应用文：经济合同等
      - 礼仪应用文：欢迎词、欢送词、开幕词、祝词等
      - 涉外应用文：涉外函电、备忘录等
  - 私务文体
    - 书信类：证明信、推荐信、感谢信、申请书等
    - 条据类：借条、请假条等
    - 其　他
  - 新闻文体：新闻、消息、通讯等
  - 其　　他：论文等

图 1－1　应用文的种类

注：这里的“事务应用文”主要是指在处理日常公务、管理活动中使用的应用文。

第二课　应用文的写作要求及表达方式

【应知导航】

（1）明确应用文写作的基本要求。

（2）掌握撰写应用文常采用的表达方式。

【知识探究】

一、应用文的写作要求

1. 材料真实典型

材料是构成应用文的基本要素之一。在搜集的众多材料之中，作者必须选择真实、典

型、具有代表性的材料写入文章，材料符合表达主旨的需要，不得有失实和浮夸的现象，写入的数字、文字资料必须准确无误。

2. 观点正确鲜明

观点是作者对客观事物的看法、认识、判断或评价，它是构成应用文的主要因素。应用文的观点应该是非分明，既要符合事物的客观规律，又要符合有关方针、政策的基本精神。应用文中提出的措施和办法要从实际出发，具有可行性。

3. 结构严谨

应用文结构的基本内容包括层次和段落、过渡和照应、开头和结尾等几部分，要想写出结构严谨的应用文就应该从这几部分入手。

（1）层次清楚、段落分明。应用文的层次是指应用文主旨的表现次序，它体现了应用文内容间的逻辑关系。写作应用文一定要弄清楚先讲什么后讲什么，做到层次清楚。段落是写作中在表达主旨时由于转换、强调、间歇等造成的文章停顿，它以另起一行空两格为标志。在应用文写作中应该根据不同类别应用文的要求，做到段落分明。

（2）过渡自然、前后照应。过渡，是文章层次与层次、段落与段落之间连接、转换的方式，它有承上启下的作用。过渡的形式有过渡词语、过渡句、过渡段。比如，常见的过渡词语有“综上所述”、“总之”、“因此”、“会议认为”等；常见的过渡句有“现将有关事项通知如下”、“我们的主要做法是”、“今年下半年应做好以下几项工作”等。

照应是指文章前后的关照呼应。照应在应用文中最常见的是首尾呼应，开头与标题呼应，前后内容的呼应。它能使表述的问题互相补充。

（3）开头和结尾简洁明了。应用文的开头方式不尽相同，但必须做到中心突出，不绕圈子。最常见的就是开门见山，直接提出文章的主要内容，统领全文。应用文的结尾方式总体来说都要求简明扼要地收束全篇，不拖泥带水、画蛇添足。

（4）语言得体。对应用文语言总的要求是庄重、平实、概括。语言功夫的核心是选词。选词要考虑所反映的客观实际需要，要符合明晰、确切、简练的标准，还要根据具体的语言环境，为避免上下文重复而选择不同的词语，注意文中所涉及的对象和阅读对象。尽量多用书面语和文书用语，少用形象和描绘性词语和口语，要特别注意不使用方言土语。

知识链接

应用文中专用词语

判定词——是、系、以……论等

承转词——为此、据此、有鉴于此、综上所述、总之等

追叙词——经、业经、并经等

时态词——兹、届时、行将、值此、如期、按期、亟待等

领叙词——根据、本着、奉、为……特、现……如下、兹介绍、兹定于、关于、为了、遵照等

告诫词——不得有误、以……为要、引以为戒等

表态词——应、理应、同意、准予、拟于、缓议、暂缓、可行/不可行、以……为妥/为宜等

询问词——当否、是否妥当、可否、是否可行、是否同意、意见如何等

结尾词——此致敬礼、特此报告/公告、谨此、望……执行、自……执行、请予批准等

二、应用文的表达方式

表达方式是撰写文章时所采用的表述形式与方法。应用文常用的表达方式有叙述、说明和议论。

1. 叙述

叙述是对人物的经历和事物发展变化的过程作出介绍和交代的一种方式。这是最基本的、使用频率最高的表达方式。在应用文体的写作中，叙述应该具备 6 要素，即时间、地点、人物、事件、原因、结果。叙述的方式有顺叙、倒叙和夹叙夹议 3 种。

2. 说明

说明就是用简洁明了的语言把事物的形状、性质、特征、成因、关系、功能等解说和介绍清楚的表达方式。说明的对象可以是具体的事物，也可以是抽象的事理。说明的方式有定义说明、分类说明、举例说明、比较说明、数字说明、引用说明、图表说明等。

3. 议论

议论就是作者对客观事物的评论。通过剖析事实材料及逻辑推理来阐发道理、表明见解的一种表达方法。议论包括论点、论据和论证 3 个要素。论证的方式有归纳论证、举例论证、比较论证、引证论证及反证论证。

总之，叙述、说明和议论是应用文常见的 3 种表达方式，在写作中往往是以一种表达方法为主，结合运用其他表达方式。

【知识拓展】

入关告谕

刘　邦

父老苦秦苛法久矣，诽谤者族，耦语者弃市。吾与诸侯约，先入关者王之，吾当王关中。与父老约，法三章耳：杀人者死，伤人及盗抵罪。余悉除去秦法。吏民皆安堵如故。凡吾所以来，为父兄除害，非有所侵暴，毋恐。且吾所以军霸上，待诸侯至而定要束耳。

评析：本文是刘邦攻克咸阳后发布的安民告示。全文章法严密，简要明确，表达了以下两层意思：一是发布本文告的缘由；二是开列与百姓约法的具体内容。此外，在结语处解释了还军霸上的原因，这绝非是画蛇添足。因为，刘邦既入咸阳，却又还军霸上，若不加解释，百姓仍会人心惶惶；而怀疑约法是否有效，结语处这样的安排，正是消除了百姓心中的疑虑，可谓有千钧之力。

故事链接

"只需四个字"与"倒拿两元钱"

有这样两个故事：

俄国新闻界有个以"刀快"著名的编辑叫奥里明斯基，有人夸张地说，文章到他手里，删得只剩下几个标点符号了。奥里明斯基不以为然，他举了个例子证明自己删改得正确。他说，有一篇写蒂威尔游行的新闻，结尾是这样的："在游行的地方，曾来了地方警察，拘捕了八个游行示威的人。"不算标点，24 个字，我删去 20 个字。你们想想"地方警察"？难道来的会是中央警察吗？或者不是当地的而是卡桑的吗？再说，"在游行的地方来了……"难道警察不来别人可以拘捕吗？最后一句，"拘捕了……"云云，拘捕的当然是游行示威的人，而不是母牛，或过路行人吧。所以，我只用了四个字："八人被捕。"

美国作家马克·吐温的小说风格极具幽默特色，他曾在回答讲演长篇好还是短小好时，讲了一个故事：有个星期天，我到教堂去，正碰上传教士用哀怜的口吻讲述非洲传教士的苦难生活，他讲述了 5 分钟后，我就马上决定对这件有意义的事情捐献 50 元，可当他又讲了 10 分钟后，我就决定把捐助的数目减至 25 元，当他继续讲了半小时后，我又在心里减到 5 元；最后当他又讲了一个小时，拿起钵子向听众哀求捐助从我前面走过时，我反而从钵子里偷走了两块钱。

这两个故事告诉我们一个词：简洁。简洁是应用文的写作要求。

【学以致用】

1. 什么是应用文？
2. 应用文一般有哪些特点？
3. 应用文写作的结构要求包括哪些内容？
4. 应用文写作的语言要求有哪些？
5. 谈谈应用文写作与其他文学体裁在表达方式上有什么不同。

开篇寄语

一个国家，一个组织，一个单位，要规范、约束所属组织、单位与个人的行为，规定什么可以做与什么不可以做，该怎样做与不该怎样做等，这都需要应用文。这类应用文往往是公文，它们不仅具有规范性，而且还具有很大的强制性和约束力，在其所确定的范围内，人人都必须遵照执行。

公文篇

——公文是信息、政策的载体

第一课 公文概述

应知导航

(1) 了解公文的概念、特点及种类。

(2) 掌握公文的写作格式。

知识探究

一、公文的概念及作用

1. 概念

公文有广义和狭义之分。从广义上讲，公文是国家党政机关、人民团体、企事业单位在进行公务活动时所使用的体式完整、内容系统的各种书面材料。狭义的公文是指行政公文，主要是指国家行政机关在行政管理过程中形成的具有法定效力和规范体式的文书，是依法行政和进行公务活动的重要工具。本课主要学习国家行政机关公文的写法。

2. 作用

(1) 规范和指导作用。公文中有相当一部分是法律、规定、条例和办法，具有法定效力，能规范行为、指导行动。

(2) 宣传和教育作用。公文承担着宣传、贯彻国家方针、政策的使命，具有教育群众、统一思想、统一行动的功能。

(3) 交流和沟通作用。公文能使国家的各项方针、政策在上下级机关、平行机关间传递。通过沟通与交流，各部门相互配合，最终达到步调一致。

(4) 凭证和依据作用。公文是办理公务的凭证和依据。离开了行政公文的凭证和依据作用，各级机关就难以开展正常有序的工作。

二、公文的特点

1. 法定的权威性

这主要表现在两个方面：一是具有法定的作者。即作者和发布者均是依法成立、合法存在的，是依法行使职能权利和履行义务的机关或首长，任何个人是不能随意制定、发布公文的。二是法定的效用。制发公文是行使法定职权的行为，因此对受文者来说，公文具有法定的权威和效用，必须遵守或执行。

2. 明确的政策性

明确的政策性是由行政公文的政治内容所决定的。行政机关的行政管理活动，如发布行政法规、宣布重大强制性行政措施、传达国家的方针政策等，都具有强烈的政治性。

3. 严格的时效性

公文的效用具有时间性，也就是所说的时效。公文必须及时下发或上达，迅速地解决公务活动中的实际问题。过了一定时间，公文就失去了解决现实问题的效用。所以行政公文在一定历史时期的某一特定时间发挥作用，不具备永久的效用。

4. 程式的规范性

程式是编制和办理公文的一系列方法、程序和格式。行政公文具有不同于一般文章的规范的程式。2000 年 8 月 24 日国务院办公厅发布的《国家行政机关公文处理办法》（以下简称《办法》）中对公文的文体和公文格式作了明确的规定，要求各单位遵照执行。

三、公文的种类

（1）按适用范围划分为命令（令）、决定、公告、通告、通知、通报、议案、报告、请示、批复、意见、函和会议纪要，共 13 种（依据《办法》中的规定）。

（2）按行文方向划分为上行文（下级机关向上级机关报送的公文，如报告、请示）、平行文（平级或不相隶属的机关单位传递的公文，如函、议案）、下行文（上级机关向下级机关传递的公文，如命令、决定、公告）。

（3）按紧急程度划分为特急、急件两级。

（4）按保密级别划分为绝密、机密、秘密三级。

写·作·指·南

公文的格式分为眉首、主体和版记 3 部分。

1. 眉首部分

眉首部分位于公文首页上部红色反线之上。红色反线是发文字号之下的一横隔线，党的机关公文在中央嵌一五角星。非上报公文的眉首部分约占三分之一的篇幅，并从第一行起安排各组成要素位置；上报公文应留出批示区域，有关格式组成要素标注位置相应下移。眉首部分各格式组成要素的排列位置介绍如下。

（1）公文份数序号。简称份号，它是将同一文稿印制若干份时每份公文的顺序编号。《办法》规定：绝密、机密公文应当标明份号。份号标注在公文首页左上角第一行，用 7 位阿拉伯数码顶格标注，不足 7 位数时用“0”补齐，如“0000006”。

（2）秘密等级和保密期限。秘密等级简称密级。《办法》规定：涉及国家秘密的公文应当标明密级和保密期限。密级顶格标注在首页右上角的第一行，密级和保密期限之间用“★”隔开。保密一年以上的，注明年数；不足一年的，注明月数。一些特殊事项，如考试试卷，标注“绝密★启用前”。

（3）紧急程度。紧急公文均应该标注紧急程度，分特急和急件。紧急程度标注在首页右上角密级之下。

（4）发文机关标识。习惯称为“公文版头”，用较大的字号套红印在公文首页上端，居中排列。一般由发文机关的全称或规范化简称后加“文件”组成。若是几个机关联合行文，应将主办机关排列在前。

（5）发文字号。包括发文机关代字、年份、序号 3 个部分，如中青办发〔2006〕22 号。发文机关代字是发文机关名称的缩略语，如“中青办”是“共青团中央办公厅”的缩略语。年份须用六角括号“〔　〕”标注。下行文常在发文机关代字后加“发”字。公文函一般在代字后加“函”字。联合发文，只标明主办机关发文代字。

（6）签发人。它是指代表机关最后核查并批准公文发出的领导人姓名。凡是上报的公文都须标注签发人的姓名，非上报公文不标注。签发人平列于发文字号右侧，写“签发人”3 个字加冒号，再写签发人姓名。此时发文字号居左。

上面所讲到的 6 要素中，发文机关标识（版头）、发文字号属于必备项，其余根据具体情况选择使用。

2. 主体部分

（1）公文标题。标题应准确简要地概括公文的主要内容，一般应包括发文机关名称、公文主题和公文种类 3 部分，如《共青团中央关于加强社区共青团工作的意见》。有的发文纸上已经印有发文机关，标题也可省略发文机关名称。内容简短的公告、通告、通知等可根据情况只以文种为题，但应慎重对待。

（2）主送机关。主送机关就是主要受理机关，是接受公文并对公文负主办或答复责任的机关。应当使用全称或规范化简称或同类型机关的统称。主送机关标注在标题之下，靠左顶格书写。下级机关向上级部门的行文（特别是上行文中的请示），只能选择一个机关为主送机关，且一般不要报送领导者个人（领导者本人有要求者除外）。上级部门向下级机关行文，主送机关可以用泛称。例如，国务院办公厅向各省市下发的公文，按排列顺序为“各省、自治区、直辖市人民政府、国务院各部委、各直属机构”。

（3）正文。它是公文的具体内容部分。在主送机关下一行，每自然段空两格写起。数字、年份不能回行。正文由开头、主体、结尾 3 部分组成。

开头要求开门见山地交代发文的依据、起因、目的。常常用“为了”、“为使”、“根据”、“按照”、“由于”、“鉴于”等词语开头。

主体是公文的最主要部分。叙事要突出重点，说理要把握党和国家的方针、政策的核心。在结构上多用总分式，分条列项，做到条理清楚。

结尾常使用固定的习惯用语。根据公文的内容和行文关系，一般对受文机关提出具体要求和希望。

（4）附件。附件是附属于公文正文的有关文字、图表材料等，根据正文的需要而确定。这些材料与公文正文一样具有同等效力。公文如有附件，应在正文下空一行左侧起空两格注“附件:”，然后标出附件名称，名称后不加标点符号；如不止一个附件，应用阿拉伯数字排序。

（5）发文机关。发文机关也称为“落款”。发文机关是公文的法定作者，在正文右下方标注。落款要写机关的全称或规范化的简称。联合发文的落款，应将主办机关的名称排列在前。以领导人名义制作的公文，必须标出其职务。通常情况下，也有以机关印章上名称取代标识的发文机关的。

（6）印章。它是使公文合法、生效的凭证。在公文中，除会议纪要外，其余都要加盖印章。印章要端正、清晰，应盖在文件末尾发文日期处，以印章下部边缘压盖发文日期，并应当注意使年、月、日露出。联合发文时，联合行文机关都应加盖印章，主办机关印章在前。如果是联合上报的公文，由主办单位加盖印章即可。

（7）发文日期。发文日期即文件发出和生效的时间。一般性公文，应以实际发出日期为准；会议通过的文件，应以会议通过的时间为准；法规性文件以批准日期为准。日期写在正文末尾、发文机关名称之下，年份要写全称。

3. 版记部分

版记包括主题词、抄送机关、印发说明。这部分内容既有国家统一制作规定，又有各单位系统内部的传统。

（1）主题词。它是反映公文主要内容的规范化名词或名词性短语。在办公自动化的今天，为适应计算机对公文管理的需要，每一件公文都应标注主题词。主题词以不少于3个、不超过5个为宜，最后1个词必须说明公文文种。先用黑体字顶格标明“主题词”，并加冒号，然后依次排列：类别词（反映公文主要类别），类属词（反映公文具体内容），文种词，每词之间空一格。例如，《关于开展水土保持规划工作的通知》一文的主题词是“水土（类别词）保持规划（类属词）通知（文种词）”。

（2）抄送机关。这是指除主送机关外需要执行或知晓公文的其他机关，但不需要承担主办或答复责任的机关。抄送机关位于主题词下一行，左侧空一格书写“抄送”，后标注冒号，回行时与冒号后的抄送机关对齐，在最后一个抄送机关后标句号。标注抄送机关应用全称或规范化简称。

（3）印发说明。包括对印发机关、印发日期、印发份数的说明。印发机关，一般是各机关的办公厅（室）或文秘部门，位于抄送机关之下左侧空一格书写。右侧书写印发时间，印发时间以公文付印日期为准，用阿拉伯数码标识。印发份数的位置在印发日期之下。

公文的版式示例如下所示。

0000006

机密★一年

特急

×××××××文件

×××〔2006〕22号

×××关于××××××的通知

×××××××：（主送机关名称）

正文

附件：1. ××××××××××××

2. ×××××××××××××××

×××××××（发文机关名称）

二○○六年×年×日

主题词：××（类别词） ××（类属词） 通知（文种）

抄送：×××××××、×××××××、×××××××、××××××××××××××

×××××××××××××××××××××。（抄送机关）

××××××（印发机关） 2006年×月×日印发

共印×份

—页码—

注：版心虚线框仅为示意，在印制公文时并不印出；实线框为纸边。

第二课　命令（令）　决定　意见

应知导航

(1) 了解命令（令）、决定、意见的概念及种类。

(2) 掌握决定、意见的写作要求及方法。

知识探究

一、命令（令）

1. 概念

命令（或称为令，下同）是国家行政机关及其领导人发布的具有强制性、权威性、指挥性要求的公文文种。《办法》中指出，命令适用于依照有关法律公布行政法规和规章，宣布施行重大强制性行政措施，嘉奖有关单位及人员。

命令（令）是所有公文中最具强制执行效力的下行文种。命令一经发布，受令者必须绝对服从，没有商量的余地，更不允许抵制和违反。通常所说的"令行禁止"，通过命令这种文体，能得到最充分的体现。

2. 种类

命令（令）按其功能，可分为公布令、行政令和奖惩令 3 类。

(1) 公布令。公布令是国家权力机关、行政机关和国家领导人依照有关法律颁布行政法规和规章的命令。公布令一般由颁布对象、颁布根据、颁布决定、执行要求 4 个部分的内容组成。

(2) 行政令。采取重大强制性行政措施时所使用的令文，称为行政令，也叫指挥令。行政令的正文一般分为 3 个部分，即命令缘由（引言）、命令事项（主文）和执行要求（结语）。

(3) 奖惩令。奖惩令是上级对下级奖励和惩戒有关人员时使用的令文，有嘉奖令和惩戒令两种类型。

二、决定

1. 概念

决定是国家行政机关对重要事项或者重大行动作出安排，奖惩有关单位及人员，变更或者撤销下级机关不适当的决定事项时使用的一种公文。决定是一种具有法规性和指令性的下行文，一经发布，必须照办，具有权威性和约束力。

2. 种类

决定可分为指挥性决定和知照性决定。指挥性决定是对某些事项进行决策或作出规定性安排，要求受文单位严格贯彻执行。知照性决定只起告知作用，让下级机关了解情况。

三、意见

1. 概念

意见是对重要问题提出见解和处理办法时使用的公文。意见可以是上行文、平行文，也可以是下行文。意见的行文关系多样；作用多样，有的近于计划，有的近于工作通知，有的近于建议报告；效力灵活，下行文可带指示性，但不是强制规定，上行文、平行文则不具有约束力。

2. 种类

意见可分为建议性意见、质疑性意见和工作性意见 3 类。

（1）建议性意见用于向上级或平级机关提出建议。

（2）质疑性意见向同级或下属单位提出不同看法。

（3）工作性意见是向下级机关布置安排工作，提出工作措施和要求。

写·作·指·南

一、命令（令）的写作格式

1. 标题

命令（令）的标题有 3 种构成形式。

由发令机关名称 + 主要内容 + 文种构成，如《中华人民共和国国务院关于发行新版人民币的命令》。

由发令机关名称或发令人身份 + 文种组成，如《郑州市人民政府令》、《中华人民共和国主席令》。

由主要内容 + 文种组成，如《向全国进军的命令》。这种形式应用较少。

2. 正文

这里着重介绍行政令的写法。

行政令的正文按照公文的常规模式进行操作，由开头、主体、结尾 3 部分组成。

开头部分主要写发布命令的原因、根据、目的、意义等。作为开头部分，原则上不宜过长，但有时因原因复杂、意义重大，也可以用较多文字表述。

主体部分是全文的核心，主要写命令事项，也就是要求受命者做些什么，怎么做，到何种程度等。这部分内容复杂，层次较多，一般都需要分条表述，以便眉目清楚。

结尾部分，主要用来写执行要求。如由何单位负责执行，从何时起开始执行等。这部分内容单纯，篇幅短小。

二、决定和意见的写作格式

决定和意见的写法大体相似，一般都由标题和正文两部分组成。

1. 标题

决定和意见都采用完全式标题，由“发文机关＋事由＋文种”组成，要在标题下用括号标出作出决定和意见的日期。会议通过的决定要标明由什么会议通过的。

2. 正文

决定和意见的正文包括开头、主体和结尾3部分。开头写明发文背景、缘由，可以是决定的依据、意见的目的等。主体写明具体事项，内容较多时要分层次，逐条逐项具体说明。结尾使用惯用语，也有的不写结语。

【知识拓展】

【示例一】公布令

中华人民共和国国务院令

第572号

《国务院关于修改〈中华人民共和国知识产权海关保护条例〉的决定》已经于2010年3月17日国务院第103次常务会议通过，现予公布，自2010年4月1日起施行。

国务院总理　温家宝

二〇一〇年三月二十四日

国务院关于修改《中华人民共和国知识产权海关保护条例》的决定

国务院决定对《中华人民共和国知识产权海关保护条例》作如下修改：

……

第三十三条　本条例自2004年3月1日起施行。1995年7月5日国务院发布的《中华人民共和国知识产权海关保护条例》同时废止。

【示例二】行政令

中华人民共和国主席令

第9号

《中华人民共和国食品安全法》已由中华人民共和国第十一届全国人民代表大会常务委员会第七次会议于2009年2月28日通过，现予公布，自2009年6月1日起施行。

中华人民共和国主席　胡锦涛

2009年2月28日

中华人民共和国食品安全法

（2009年2月28日第十一届全国人民代表大会常务委员会第七次会议通过）

目　　录

第一章　总则　　第二章　食品安全风险监测和评估

第三章　食品安全标准　　第四章　食品生产经营

第五章　食品检验　　　　　　第六章　食品进出口

第七章　食品安全事故处置　　第八章　监督管理

第九章　法律责任　　　　　　第十章　附则

第一章　总则

第一条　为保证食品安全，保障公众身体健康和生命安全，制定本法。

第二条　在中华人民共和国境内从事下列活动，应当遵守本法：

……　……

第一百零四条　本法自2009年6月1日起施行。《中华人民共和国食品卫生法》同时废止。

【示例三】决定

国家旅游局关于修订《导游人员管理实施办法》的决定

（二〇〇五年六月三日）

为了适应行政审批制度改革后有关导游人员等级考核评定的需要，促进导游员队伍建设，经国家旅游局局长办公会讨论通过，决定对《导游人员管理实施办法》作如下修订，自2005年7月3日起施行：

一、将第二十八条修改为：国家旅游局组织设立全国导游人员等级考核评定委员会。全国导游人员等级考核评定委员会负责全国导游人员等级考核评定工作的组织实施。

省、自治区、直辖市和新疆生产建设兵团旅游行政部门组织设立导游人员等级考核评定办公室，在全国导游人员等级考核评定委员会的授权和指导下开展相应的工作。

二、将第二十九条修改为：参加省部级以上单位组织的导游技能大赛获得最佳名次的导游人员，报全国导游人员等级考核评定委员会批准后，可晋升一级导游人员等级。一人多次获奖只能晋升一次，晋升的最高等级为高级。

评析：这则决定，目的明确，简明扼要。首段写明缘由，既而引出主要事项，采用条款式对修改事项逐一说明。

【示例四】意见

财政部、教育部关于完善中等职业教育贫困家庭学生资助体系的若干意见

（二〇〇六年七月二十四日）

中等职业教育是我国经济社会发展的重要基础和现代国民教育体系的重要组成部分，在提高劳动者素质、推进我国走新型工业化道路、促进农村劳动力转移、加快社会主义新农村建设等方面，发挥着重要的作用。加快中等职业教育发展，对于繁荣经济、促进就业、消除贫困、构建和谐社会具有十分重要的意义。

当前，一部分中等职业教育学校贫困家庭学生因得不到有效资助，不能顺利完成学业；还有一部分初中毕业生因为家庭经济困难不能顺利入学接受中等职业教育。这些问题制约了中等职业教育的快速健康发展。为此，必须按照《国务院关于大力发展职业教育的决定》（国发〔2005〕35号）的精神，进一步完善中等职业教育贫困家庭学生助学政策体系，吸引更多的初中毕业生报考中等职业学校，资助贫困家庭学生顺利完成学业，满足国民经济和社会发展对高素质劳动者和技能型人才的需求。现就加快建立和完善中等职业学校学生资助体系提出如下意见：

一、中等职业教育贫困家庭学生资助工作，要以党的十六大精神和“三个代表”重要思想为指导，坚持科学发展观，认真落实全国职业教育工作会议精神，以不断满足中等职业学校贫困家庭学生的学习和生活需要为基本出发点，保证每个中等职业学校学生不因家庭贫困而失学。要充分发挥中央和地方政府、中等职业学校、金融机构、社会团体、企事业单位以及公民个人在资助体系中的作用，通过各方面共同努力，构建覆盖面广、形式多样、功能完善、机制健全的中等职业学校学生资助体系，帮助每个贫困家庭学生顺利完成学业，促进教育公平。

二、坚持政府主导、多渠道筹措资助资金。实施中等职业学校贫困家庭学生助学制度，资金来源的主渠道是各级政府。各级财政要加大对中等职业学校贫困生的资助力度，坚持地方财政投入为主、中央财政适当补助的原则，同时要动员行业企业和社会各界提供资助。金融机构也要为接受中等职业教育的贫困家庭学生提供助学贷款。

三、建立贫困家庭学生助学金制度，安排专项资金，对中等职业学校贫困家庭学生就学提供补助。从2006年起，中央财政安排专项资金，建立中等职业教育国家助学金，用于资助中等职业学校贫困家庭学生。各地财政要安排相应的专项资金设立助学金。

四、建立奖学金制度。在中等职业学校设立政府奖学金、专业奖学金和定向奖学金，资金来源为各级地方政府和有关行业企业。奖学金主要用于支持品学兼优的学生。其中，政府奖学金主要由省、市（地）政府安排专项资金设立。专业奖学金和定向奖学金由有关行业企业或地方政府设立。

五、建立以学生参加生产实习为核心的助学制度。中等职业学校必须坚持“以服务为宗旨、以就业为导向”的办学方针，大力推行工学结合、校企合作的培养模式，力争做到学生在最后一学年到企业等用人单位顶岗实习，让学生通过顶岗实习，获取一定的报酬，用于支付学习和生活开支。同时，要逐步建立和完善半工半读制度。在部分职业院校中开展通过半工半读，实现学生免费接受中等职业教育的试点工作。各地和各中等职业学校要把这项工作作为建立中等职业教育助学制度的重要措施和对学生进行资助的有效方式，积极探索，逐步加以完善。

六、建立减免制度。中等职业学校都要建立学费减收和免收制度，对贫困家庭学生，特别是孤残学生、单亲贫困家庭学生、父母丧失劳动能力学生、少数民族学生、烈士子女、享受城镇最低生活保障家庭和因突发事件导致家庭经济困难的学生等减免学费。各中等职业学校每年都要安排不低于事业收入5%的资金，专项用于贫困家庭学生的学费减免。

七、建立助学贷款或延期支付学费制度。要鼓励和引导金融机构为接受中等职业教育的贫困家庭学生提供小额助学贷款，可由地方政府予以贴息（鉴于中等职业学校学生一般年龄偏小，有些入学时尚不具备承担完全的民事责任能力，助学贷款可提供给学生家庭）。同时，具备实力的职业学校可由学校集中贷款后，与学生家长协商确立延期支付学习费用合同，以吸引更多的学生进入中等职业学校学习。

八、建立社会资助制度。各地要对从事中等职业学校贫困家庭学生资助工作的金融机构、社会团体、企事业单位以及公民个人，采取有效的激励措施。企事业单位、社会团体和公民个人通过政府部门或非营利组织为资助中等职业学校学生给予的捐赠，比照有关公益性捐赠，准予在缴纳企业所得税和个人所得税前全额扣除。有条件的地方可建立中等职业教育贫困家庭学生社会助学基金，对符合国家法律法规规定、捐资额度大的法人或自然人允许在基金前冠名。

九、各地要从职业教育改革与发展的大局出发，充分认识做好中等职业学校学生资助工作的重大意义，高度重视中等职业教育贫困家庭学生的资助工作；要从实际出发，制订本地中等职业教育学生资助规划，增加投入，完善相关政策措施，保证资助体系的有效运作，逐步扩大中等职业教育贫困家庭学生的资助面；要加强管理，明确专人具体负责资助贫困生工作，认真调查摸底，掌握贫困学生特别是特困学生的情况，从严掌握标准和条件，切实把资助资金落实到需要资助的学生身上。

十、加强资助工作的监督管理。中等职业教育贫困家庭学生资助工作接受社会监督，经费的使用情况接受审计部门的审计检查。中等职业教育贫困家庭学生的资助资金专款专用，任何部门、学校和个人不得以任何理由截留、挤占、挪用资助资金。如有上述行为的，一经查实，严肃惩处。财政部和教育部将对各地、各学校资助贫困生工作情况进行检查考核。对资助工作完成好的地区和学校给予表彰，对工作不力的予以通报批评。

十一、加大宣传力度，使每个初中毕业生和中等职业学校学生都能获得资助信息。在每年中等职业学校招生期间，各地、各校要充分利用新闻媒体等渠道，向广大初中毕业生和社会广泛宣传中等职业学校贫困家庭学生资助政策。各中等职业学校在印发招生简章和入学通知书时，都要介绍资助贫困生工作的有关政策和本校资助贫困生工作的具体措施，使资助政策家喻户晓、深入人心，确保中等职业教育贫困家庭学生资助工作深入开展。

评析：本意见在正文开头部分便写明了发文背景，指出了中等职业教育的重要性以及部分学生求学困难的问题。第二段用“为此”引出发文依据、目的，既而通过“提出如下意见”过渡到主体部分。意见主体部分采用条款式，内容明确。

第三课 公告 通告

应知导航

（1）了解公告、通告的概念及特点。

（2）掌握公告及通告的写作要求和方法。

知识探究

一、公告、通告的概念及区别

1. 概念

公告是向国内外宣布重要事项或者法定事项时使用的公文。

通告是向社会各有关方面公布应当遵守或者周知的事项时使用的公文。

2. 公告与通告的区别

（1）发布单位不同。公告因内容涉及需要向国内外宣布的重要事项或者法定事项，一般由国家权力机关、国家行政机关或其授权机关发布，具有庄重性和严肃性的特点；而通告可以由机关、社会团体、企事业单位在自己的职权范围内发布，具有一定的强制性和约束力的特点。

（2）发布对象范围不同。公告的对象范围广泛，面向国内外人士；而通告的对象范围则为国内各有关方面和人员。

（3）发布形式不同。公告一般由新闻媒体发布；通告可以由新闻媒体发布，也可以张贴。

二、公告、通告的特点

公告和通告都是告知性公文，两者具有共同的特点。一是公开性，公告和通告都是公开发布的，都具有让尽可能多的人知道的目的性；二是知照性，公告和通告的内容都具有一定的重要性，发布公告和通告的目的，有的是要让公众知道发生了什么事，有的则不仅要让公众知道一些事情，还要求有关人员遵守与此有关的某些规定。

写·作·指·南

一、写作格式

1. 公告的写作格式

公告一般由标题、发文字号、正文和落款 4 部分组成。

（1）标题。标题写法有 3 种：第一种是完整的标准式标题，即写明发文机关、事由和文种，如《国务院关于坚决制止冲击铁路确保铁路运输通畅的公告》；第二种是写明发文机关和文种，省去发文事由，如《中华人民共和国全国人民代表大会公告》；第三种是只写明文种，但是一定要在落款处注明发文机关。

（2）发文字号。公告的发文字号有的使用流水号，如“第 1 号”、“第 21 号”，即表示该届人民代表大会或政府所发公告的顺序号，而有的公告则没有用发文字号。

（3）正文。正文是公告的主体和核心部分，其写法视内容而定。一般的写法是首先写明制发公告的根据、理由或目的，说明为什么要制发这个公告；其次写明宣布的重要事项是什么，包括时间、地点、人物、主要情节、结果、立场、态度等；结尾可写“特此公告”、“现予公告”。

（4）落款。在正文右下角，写明制发公告的机关名称和日期。如果在标题中已经写明制发公告的机关名称，落款时可以略去不写。

2. 通告格式

通告一般由标题、正文和落款3个部分组成。

（1）标题。标题有3种写法：①一般由发文机关、事由和文种3个部分组成，如《××省人民政府关于全面整顿交通运输秩序的通告》；②由发文机关加文种组成，如《中华人民共和国公安部通告》；③由事由加文种组成，如《关于××市市容和环境卫生管理的通告》。紧急事情，可在文种前加“紧急”。

（2）正文。一般由缘由、事项和结语3个部分组成。①缘由：简要说明发通告的依据、原因、目的。依据有法律政策依据和理论事实依据两种。常用“特通告如下”或“现就××问题，通告如下”引出通告的事项。②事项：通告事项内容简单，可采用篇段合一的结构。内容较复杂的，常采用分条列项的方法，逐层阐明。③结语：交代执行时间、执行范围和有效期限，以及对群众的号召、希望和要求。多用“特此通告”结语。

（3）落款。写明制发通告的机关名称和日期。

二、写作要求

1. 公告的写作要求

（1）行文简要。公告的内容要尽量做到简洁明了，概括主要事项，不需要对公告的意义或事情的经过作过多的阐述。

（2）用语得体。公告讲究用词准确、严谨，庄重而得体，表达清晰、条理性强。

2. 通告的写作要求

（1）目的明确。这是写好通告的基础。需要告知什么，为何告知都应写清道明，便于理解。

（2）行文清晰。通告行文要层次分明，事项明确，以便理解。

【知识拓展】

【示例一】公告

中华人民共和国财政部公告

财政部〔2006〕7号

根据国家国债发行的有关规定，财政部决定发行2006年记账式（六期）国债（以下简称本期国债），现将有关事项公告如下：

一、本期国债通过全国银行间债券市场、证券交易所市场（以下简称各交易场所）及试点商业银行柜台面向社会各类投资者发行。试点商业银行包括中国工商银行、中国农业银行、中国银行和中国建设银行在全国已经开通国债柜台交易系统的分支机构（以下简称试点银行)。

二、本期国债实际发行面值总金额为305.6亿元，其中计划发行300亿元，根据有关规定甲类成员追加认购5.6亿元。

三、本期国债期限7年，经投标确定的票面年利率为2.62%，2006年5月25日开始发行并计息，5月30日发行结束，6月5日起在各交易场所和试点银行柜台上市交易。本期国债在各交易场所交易方式为现券买卖和回购，试点银行柜台为现券买卖。通过试点银行柜台购买的本期国债，可以在债权托管银行质押贷款，具体办法由各试点银行制定。

四、本期国债为固定利率附息债，利息按年支付，利息支付日为每年的5月25日(节假日顺延，下同)，2013年5月25日偿还本金并支付最后一年利息。

五、本期国债在2006年5月25日至5月30日的发行期内，采取场内挂牌、场外签订分销合同和试点银行柜台销售的方式分销，分销对象为在中国证券登记结算有限责任公司开立股票和基金账户，在中央国债登记结算有限责任公司、试点银行开立债券账户的各类投资者。通过各交易场所分销部分，由承销机构根据市场情况自定价格，通过试点银行柜台发售部分的分销价格区间为每百元面值99.80~100.20元。

特此公告。

中华人民共和国财政部

二〇〇六年五月二十四日

评析：本公告行文简要，目的明确。公告标题由“发文机关+文种”组成。正文用“根据……有关规定”说明发文缘由，既而用“现将有关事项公告如下”引出具体事项。最后以惯用的“特此公告”结尾，并注明制发通告的机关名称和日期。

【示例二】通告

关于京通快速路施工期间禁止机动车通行的通告

为配合京通快速路大修工程，保证工程的顺利进行及施工期间的道路交通安全与畅通，根据《中华人民共和国道路交通安全法》及《中华人民共和国道路交通安全法实施条例》的有关规定，决定自2006年8月10日起至11月10日止，京通快速路主路(大望桥至西马庄、双会桥至八里桥)23时30分至次日6时禁止机动车通行，途经此路段的机动车可绕行京通辅路、朝阳路、朝阳北路。

特此通告。

北京市公安交通管理局

二〇〇六年八月四日

评析：本通告用语得体、行文清晰。通告标题由“事由+文种”组成。用简练的语言写明发文缘由和依据。既而在“决定”后详尽地写明了具体事项。最后以惯用的“特此通告”结尾，并注明制发的机关名称和日期。

第四课 通报

【应知导航】

（1）了解通报的概念、作用及特点。

（2）掌握通报的写作要求及方法。

【知识探究】

一、通报的概念和作用

通报适用于表彰先进，批评错误，传达重要精神或者情况。

通报是党政机关、社会团体、企事业单位，将工作情况、经验教训以及各种典型事例告知有关单位和人员的公文文种，其作用是将有关情况告知所属单位，以增加工作的透明度，使各单位相互协调，搞好工作。通报按其内容，可分为表彰性通报、批评性通报和情况通报。

二、通报和通知的区别

（1）通报是教育、启迪、提醒或交流情况，一般没有必须遵守、执行的要求；通知是使受文单位知晓相关事项并按要求办理。

（2）通报要叙议结合，既有对具体事实叙述，又有对事实的分析评价；通知一般用概述性语言叙述、说明，较少或不做议论。

（3）通报是事后行文，通知是事前行文。通报发送范围广泛，一般情况下直接下达给广泛范围内的各级各类工作人员。

三、通报的特点

1. 典型性

通报无论是表彰好人好事，还是批评坏人坏事，都是有一定影响力的，具有一定的代表性，在一定范围内起着教育干部和群众的作用。

2. 真实性

通报的内容要真实、确凿，不能弄虚作假。要用事实和数据说话，切忌空泛议论。

3. 导向性

无论是表彰先进，还是批评错误或者通报情况，通报都有很强的指导作用和教育意义。

写·作·指·南

一、通报的写作格式

通报由标题、主送机关、正文和落款4部分组成。

（1）标题。标题由发文机关、事由和文种构成。有时可以省略发文机关名称。通报的发文字号为完全式发文字号。

（2）主送机关。通报的主送机关一般为直属下级机关或需要了解该内容的不相隶属的单位。标题之下顶格写受理机关的全称或规范化简称，也有的省略主送单位。

（3）正文。正文包括主要事实，对事实进行评析，针对事实作出的决定等内容。

主要事实：概述事实发生的时间、地点、单位或个人、经过、结果。事实要有一定的代表性和典型性。文字表述要抓住主要内容，做到简明扼要、清楚明白、准确无误。

事实评析：对通报的事实进行恰如其分的议论分析，指出事实的性质和产生的原因，阐明通报的意图。表彰先进，要指出先进事迹的精神实质、意义和影响；批评错误，要分析其性质、原因和危害性；传达重要精神或者情况，要全面和辩证。

决定和要求：针对通报事实，作出表彰决定或对错误者的处分（处理）决定，并由此引申出应当吸取的经验或教训，有的放矢地提出希望与要求。文字表述要简略、概括，针对性强。

（4）落款。在末尾处右下角标注发文机关名称和成文日期，落款处也可省略发文机关名称，成文日期也可标注于标题之下。

二、通报的写作要求

（1）事实要真实、典型。通报所反映的情况必须真实，不能夸大或缩小，以免因失实而产生不良影响。材料要充分说明问题，具有典型意义。

（2）评析、奖罚要客观公正。对事实的分析评价要有一定的高度，但要掌握分寸，不能随意拔高，这样才能收到良好的教育效果。

（3）表达方式要叙议结合。通报的写作既有对事实的叙述，又有对事实的评价。对事情的叙述要清楚，对事情的议论要入情入理，使受文者容易接受，起到发文的作用。

【知识拓展】

【示例一】表彰性通报

××市中小学生第一届足球节表彰通报

各区县教育（教体）局、局属各学校：

为进一步贯彻落实学校教育“健康第一”的指导思想，推动全市中小学足球运动的开展，全面普及中小学足球运动，并通过足球带动全市学校各项体育活动的开展，丰富校园文化生活，增强广大青少年学生的身体素质，培养学生良好的意志品质，促进学生全面发展，提高学生足球运动竞技水平。市教育局、市体育局于7月20至25日在××举办了××市中小学生第一届足球节，本次比赛分高中男子组、高中女子组、初中男子组、初中女子组、小学男子组、小学女子组共6个组别，正脚背颠球、脚内侧连续踢球、多部位点球、运球绕杆往返、场地对抗5个竞赛比赛项目，全市578名中小学生参加了比赛。

为表彰先进，推动我市学校体育教育工作的进一步开展，决定对本次比赛获奖单位进行通报表彰。具体名单如下：

各区县团体总分前三名：××××××、××××××、××××××

突出贡献奖：××××××

体育道德风尚奖：××××××

技能比赛团体前三名：×××××××××、×××××××、×××××××

技能比赛个人前三名：××、×××、××

场地对抗赛前三名代表队：××××、××××、××××

希望受表彰的单位戒骄戒躁，再接再厉，不断取得好成绩。同时要求各单位、各学校着眼于全面实施素质教育，结合贯彻落实全市学校体卫艺教育工作会议精神，科学合理地制定学校体育教育发展规划，进一步提高学校体育工作的认识，切实加强学校体育教学、群体活动和课余训练工作，为国家培养更多更好的优秀体育后备人才，促进全市教育、体育事业的改革与发展。

××市教育局办公室

二〇〇六年八月一日

评析：这是一份表彰性通报，标题采用不完全式，省略发文机关。首段写明通报缘由，并简单总结主要事实。然后针对事实宣布表彰决定。结尾提出希望，并注明制发通报的机关名称和日期。

注：表扬性通报分为3个层次：先进人物（单位）的先进事迹的简要介绍，要具体简明；对先进事迹的评议，既要充分肯定，又要讲分寸；结尾发出号召或提出希望。

【示例二】批评性通报

关于对财务中心×××违反公司着装规定的错误行为予以批评的通报

公司各部门：

今年3月27下午，总经办在执行日常检查过程中发现财务中心×××未着工作服上衣，违反了公司着装规定。28日上午，当总经办人员向财务中心发放检查通报时，接收人×××当即出言不逊、态度蛮横，表现得粗暴无礼，并将通报甩到一边，全然不顾及影响和后果。

×××的行为严重违反了公司员工的行为准则，对部门形象、办公秩序以及公司相关工作的开展造成了不良影响，同时反映出其本人缺乏应有的纪律意识和端正心态。

为了严肃纪律，维护公司形象，现就×××的错误行为作出如下处理决定：对××予以通报批评，扣发一个月奖金，并向总经办相关人员当面致歉。

希望公司各部门员工引以为戒，更加严格要求自己，提高遵守公司规章制度的自觉性，在今后的工作中踏踏实实，团结一心，尽职尽责，勤奋工作，推动公司各项工作再上新台阶。

××××××股份有限公司

二〇〇六年四月二日

评析：这是一份批评性通报，采用“事由＋文种”的不完全式标题。首段概述了通报的原因，并简单陈述主要事实；第二段指出了错误的性质，问题产生的严重性和危害性；第三段写明处理决定；末段针对此事件提出了希望和要求。

注：批评性通报主体包括4个方面的内容：错误事实、根源和教训、处理决定、希望和要求。批评性通报要实事求是地反映事实真相，不能夸大或缩小，特别是一些重要环节，一定要交代清楚。在对错误进行分析时，要准确并中肯地指出错误的原因，点明危害，实事求是，恰如其分地提出处理决定。最后通过对错误的处理，希望大家汲取教训，引以为戒。

【示例三】情况通报

关于××××年“优质服务部门”评比情况的通报

学校各部门：

××××年我校继续深入开展“优质服务部门”评比活动，推出了形式多样、内容丰富、主题深刻的系列活动。最近，学校党委扩大会议肯定了开展“优质服务部门”评比活动的成效，认为通过评比活动，我校职业道德教育取得了实质性的进展。为了使各部门对本年的服务工作有较具体的认识，我们对评比的得分进行了分类统计，整理出《评分比较表》（见附件）。现将有关情况通报如下：

我们先将“优质服务部门”评比工作组对每个部门20个项目的每一项评分分别计出，然后从中找出每个部门和自身相比，哪几项评分较高（分数用蓝色表示），哪几项评分较低（分数用红色表示），再将这些分数列入《评分比较表》，表示各部门自己的强项和弱项。

按照《评分比较表》所列内容可以看出，我校的服务工作现状是“上下好、中间差”，即道德教育和环境仪态这两方面较好（蓝色分数占多数），而服务质量和管理机制这两方面较差（红色分数占多数）。说明开展活动后，教职员工的思想认识和服务质量虽然有不同程度的提高，但是离学校的要求还是有很大的差距，需要大家共同作出更大的努力。

其中，有8个部门都存在着明显薄弱的项目。这些项目集中在办事公开、公平、快捷，服务设施完善；机制适宜，措施得力；管理科学3个方面。这些问题的存在有多种原因，今后要继续采取有效措施，有针对性地改进我们的工作。

按照学校党委“要把评分分析反馈给各部门，找出原因，加以改进”的要求，各部门在明年的“优质服务部门”评比活动中，应继续发扬优点，有针对性地加强薄弱的方面，下大力气把服务工作抓实、抓出成效，争取更大的成绩。

附件：《评分比较表》

××中等职业学校“优质服务部门”评比工作组

××××年×月×日

评析：本通报用语得体、行文清晰。首段对活动作了概述并写明缘由。既而用“现将有关情况通报如下”引出具体事项。具体事项由第二、三、四段组成，包括评分方法、反映的情况、存在的问题。末段针对存在的问题提出了希望和要求。

注：情况通报内容较为复杂，一般由缘由、概述情况和提出要求3个部分组成。根据实际对具体情况作出概括介绍和分析，肯定好的方面，找出存在的问题，同时对工作提出指导性意见，并对下级提出希望和要求。

第五课 通知

【应知导航】

（1）了解通知的概念、作用及种类。

（2）掌握通知的写作要求和方法。

【知识探究】

一、通知的概念和作用

通知是公文中使用频率最高的，用于传达党和国家的方针政策、发布规章、布置工作、任免人员的一种公文。根据《办法》的规定，通知“适用于转批下级机关的公文，转发上级机关和不相隶属机关的公文，传达要求下级机关办理和需要有关单位周知或执行的事项，任免人员”。大到国家党政机关，小到基层企事业单位，都可以发布通知，处理公务。所以，通知是最常见的公文之一。它具有适用范围广、知照性、时效性等特点。

二、通知和通告的区别

1. 适用范围不同

通知的适用范围广，通知除公布和传达某些事项外，还有多种用途，如批转通知、转发通知等；通告只用来发布应当遵守或周知的事项。

2. 受文对象不同

通知有明确的受文对象，写作中标明主送机关；通告的受文对象不确定、不具体，也不标明主送对象。

三、通知的种类

根据性质和作用，通知可以划分为以下7类。

(1) 指示性通知。用于上级机关向下级机关发布指示、安排工作。内容要求明确有条理，如《国务院关于严格控制农业生产资料价格的通知》。

(2) 发布性通知。用于颁布行政规章或印发有关文件、资料。如《国务院关于发布国家行政机关公文处理办法的通知》。

(3) 批转性通知。用于上级机关对下级机关的有关公文作出批示后，再转发至有关单位遵照执行，如《国务院批转人民银行调整银行存款贷款利率报告的通知》、《××院党委批转院团委2009年工作安排的通知》。

(4) 转发性通知。用于将上级机关和不相隶属机关的公文，转至本机关和下属各单位遵照执行，如《××省教育厅转发教育部〈关于坚决制止违规招生紧急通知〉的通知》。

(5) 周知性通知。用于告知所属单位或其他有关单位必须了解的信息，行政工作中使用较为广泛，如《国务院关于成立国务院物价小组的通知》、《关于表彰××年度××区中等职业学校三好学生、优秀学生干部和先进学生集体的通知》。

(6) 会议通知。用于通知下级或平级单位人员参与重要会议，如《关于召开2010年高考考试工作会议的通知》。何时何地参加什么会议及注意事项要写清楚，常带有附件。

(7) 任免通知。用于向下级机关告知人员任免情况，如《关于××等同志任职的通知》。对于重要单位的任免事项一般用决定。

写·作·指·南

一、通知的写作格式

通知一般由标题、发文字号、主送机关、正文、结尾和落款6部分组成。

(1) 标题。一般标题由发文机关名称、事由、文种组成，有的通知标题可以省略发文机关名称。根据通知的不同性质，在标题中应分别注明“批转”、“转发”、“发布”等字样。

(2) 发文字号。通知的发文字号为完全式发文字号。

(3) 主送机关。即受文机关的全称或规范化的简称，标题之下顶格写。必须指定此通知的承办、执行和应当知晓的主要受文机关，这些机关一般为直属下级机关或需要了解通知内容的不相隶属的单位。

(4) 正文。另起一行，空两格写。

①批转、发布性通知。正文包括两个部分：第一是批语或印发语，第二是批转或印发的规章或文件。批语一般比较简单，只要说明批转或印发的文件和贯彻要求就可以了，如“现将《关于……的规定》印发（或批转、转发）给你们，请认真贯彻执行”。有些比较复

杂的还要对有关规章的实施进行具体说明，或者阐述该文件的意义、重要性以及领导机关的意见和工作指示等。

②指示性通知。正文一般由缘由、事项两部分组成。缘由是发文的目的和根据。事项部分是主体，要把具体内容分条列项地阐述清楚，不能含糊。

③周知性通知。正文由缘由和通知事项两部分构成。缘由直接陈述根据或原委，不必如指示性通知那样进行说理分析，因此更为简要；通知事项，只讲决定怎么办，直截了当，充分显示其关照、告知的作用，不提出执行要求。

④会议通知。会议通知内容较为固定，一般包括会议目的、会议名称、会议内容（或主题）以及时间、地点、参加对象和报到的时间、地点、需要准备的材料等具体事项。会议通知的内容最主要是写得清楚明白，写作时要考虑周全，让有关人员知道该做什么、怎么做。

⑤任免和聘用通知。此类通知的行文比较简单，说明任免或聘用某人担任某项职务即可，有的还加上决定任免的组织以及任期等。如果同时有任职和免职，就要先写被免职者，再写任职者。

（5）结尾。发布性通知、周知性通知、会议通知、任免通知一般都用“特此通知”作结尾。

指示性通知、批转性通知、转发性通知的结尾，根据需要写明发文人的希望和要求。如“以上通知，请认真贯彻执行”，“请各有关地区和部门按上述通知贯彻执行”，“请认真参照执行”。

会议通知也可以在这部分提出参加会议人员事先应做的准备工作。

（6）落款。在末尾处的右下角签署发文机关名称，并注明发文时间，加盖公章。若是联合通知，主办机关名称应放在最前面，其他机关依次排列，并分别加盖公章。

二、通知的写作要求

（1）注意规范使用不同种类的通知。在标题中应根据内容不同，注明通知的种类。如批转性的通知不能写成转发性的通知，发布性通知不能写成批转性通知。

（2）拟好公文的标题。标题要根据通知的事项撰写，做到意义表达准确。

（3）条理清楚，内容严肃。要明白无误地提出工作的任务和要求，交代应该知晓和办理的事项，切忌泛泛而谈、含混不清。

（4）行文要及时，通知具有时效性，所以行文要迅速及时。

知识拓展

【示例一】指示性通知

关于贯彻执行×××汽车配备使用标准有关问题的通知

1999年3月，中共中央办公厅、国务院办公厅《关于调整×××汽车配备使用标准的通知》（厅字〔1999〕5号）下发以后，各部门贯彻执行情况是比较好的，但也存在不经主管部门审批自行购置车辆等问题。为了更好地贯彻执行厅字〔1999〕5 号文件精神，现就有关问题通知如下：

一、各部门为领导干部配备车辆必须同时符合排气量和价格两个标准，并经国务院机关事务管理局（以下简称主管部门）审批同意。

二、领导干部已配备使用的车辆未达到报废、更新标准的，不得更换。

三、要严格车辆编制管理，认真清理超编车辆。凡车辆超编部门，不得购置、更新公务用车。

四、各部门为机关和领导干部配备、更新车辆，不论资金来源，一律由主管部门采取政府采购的方式，统一购置，各部门不得自行购置。

××××年×月×日

评析：此通知属于指示性通知，由于是普发性的，因此未列主送机关。正文首先提出国务院办公厅的有关文件，并扼要分析了各部门的执行情况，写明发文缘由，并以此为依据，列出具体事项。事项部分采用分条列项的方法，行文简要明确。由于通知事项本身就是要求，因此本通知没有单写要求，四项讲完，戛然而止，干净利落。

【示例二】批转性通知

关于批转《共青团××××职业学院委员会××××年工作安排》的通知

院属各党支部：

经院党委研究，同意《共青团××××职业学院委员会××××年工作安排》，现批转给你们，请认真组织实施。

特此通知

中国共产党××××职业学院委员会

××××年元月四日

评析：本通知标题注明“批转”字样是一个批转下级机关的工作安排的批转性通知。标题省略发文机关采用不完全式。正文写明批转的文件名称。结尾采用惯用语。

【示例三】会议通知

××中等职业学校关于召开招生工作会议的通知

×校办发〔2010〕20 号

所属各单位：

为了把今年我校的招生工作搞得更好，为了进一步贯彻和执行中央、省招生工作会议精神，经研究决定召开招生工作会议，现将有关事项通知如下：

一、会议内容：介绍和分析近年来我校的招生情况；着重讨论和分析今年的招生情况和招生工作安排等事宜。

二、参加人员：各系部主管学生工作的副主任以及校学生工作办公室的全体人员。

三、会议时间和地点：定于 6 月 18 日上午 8 时，在学校三楼 302 会议室准时召开，议程一天。

××中等职业学校学生工作办公室

二〇一〇年六月十七日

评析：这是一则会议通知。首段注明会议目的，引出具体事项。行文简要、目的明确。

第六课 报告 请示 批复

应知导航

（1）了解报告、请示、批复的概念、特点及种类。

（2）掌握报告、请示、批复的写作要求及方法。

知识探究

一、报告

1. 概念

报告属于上行文，是向上级机关汇报工作、反映情况、提出意见和建议、答复上级机关的询问时所使用的公文。报告的作用是让领导机关了解本单位的工作情况，为领导机关制定政策、指导工作提供依据。报告是上级机关了解下级机关反映情况，上下沟通的主要渠道。

2. 特点

（1）行文的单向性。报告是下级机关向上级机关汇报工作、反映情况、答复询问，不要求上级批复，属于单向行文。

（2）表达的叙述性。报告是陈述性公文，以叙述具体事实为内容，这决定了报告以叙述为主要表达方式，一般不用描写、抒情，很少发议论。

3. 种类

根据内容和用途，报告可分为工作报告、情况报告、答复报告和建议报告 4 种。

（1）工作报告。下级机关向上级机关汇报工作作出的报告。工作报告的主要内容包括工作方面的成绩，取得的经验，存在的问题，有哪些教训，今后有什么打算等。结尾常用“特此报告，请审阅”、“特此报告”等习惯用语。

（2）情况报告。情况报告是反映突发事件或重大问题作出的报告。写作时要写明事件发生的时间、地点、起因、经过、结果等，以及对责任的分析、处理意见、应吸取的教训等。

（3）答复报告。答复报告是下级部门针对上级部门提出的问题或询问作出回答的报告。这种报告是被动行文，必须实事求是回答问题，不能避而不答或答非所问。

（4）建议报告。建议报告是下级机关主动向上级机关提出建议，请领导机关批转有关方面执行的一种上行文。

二、请示

1. 概念

请示是请求性上行文，是下级机关请求上级机关决断、指示、批准、支持并明确答复时使用的公文。下级机关对于自身无法解决、无权决定或无力办理的事项，需要使用请示。

2. 特点

（1）事前性。请示必须是事前行文。

（2）回复性。请示是要求上级机关给予明确回复的公文，所以，受文的上级机关必须对下级机关请示的事项给予回复。

（3）单一性。请示的内容必须是一事一请，而且是属于本单位范围内无权或难以处理的问题或事项。如果一份请示提出几个请求事项不利于提高请示的效率。请示不能事无巨细，不属于上级机关审批权限的事项不能使用请示。

3. 种类

根据内容的不同，可将请示分为以下 4 类。

（1）请求指示类。这是指下级机关在工作中遇到重大、疑难问题或出现新情况时，请求上级机关给予处理该问题或情况的指示。

（2）请求批准类。这是指下级机关在办理某一事项时遇到某些困难或问题，自己无权决定和处理时，请求上级机关的批准。

（3）请求帮助类。这是指下级机关应办的事项，在人力、物力、财力上本单位有困难，请求上级帮助解决。

（4）请求批转类。这是指下级机关处理的重大事项，超出本机关职权范围，需要其他地区、部门、单位贯彻执行，所以提出意见，请求上级批转。

三、批复

1. 概念

批复是下行文，是上级机关答复下级机关的请示事项时使用的公文。

2. 特点

（1）权威性。批复代表着上级机关的权力和意志，对请示的单位有约束力，特别是那些关于重要事项或问题的批复，常常具有明显的法规作用。

（2）针对性。批复必须是针对下级机关请示事项而发，针对性强。

（3）鲜明性。批复主要用于批准或不批准、同意或不同意下级机关做什么和怎么做。批复中回答的问题态度明确，旗帜鲜明。

（4）指示性。批复的目的是指导下级机关的工作，因此批复在表明态度后，还概括地说明方针、政策以及执行中的注意事项。

3. 种类

根据内容、性质的不同，批复可分为两类。

（1）指示性批复。主要是针对方针、政策性问题进行答复。这一类批复，不只是对请示机关提出请示事项的答复，而且批复的指示性内容，在其管辖范围内，具有普遍的指导和规范作用。

（2）表态性批复。是对请示事项表示同意或不同意的批复。

四、报告、请示的区别

报告与请示虽然都属于上行文，但在使用时有严格区别，不能混为一谈，它们的主要区别有如下方面。

1. 报告

（1）重在呈报。用于向上级机关汇报工作，反映情况，为其提供信息。

（2）一般在事后行文，有时也可在工作中行文。

（3）一般不需要答复。

（4）内容复杂，可以一文数件事项，结构上不强求一律。

2. 请示

（1）重在呈请。用于向上级机关请示指示、批准、帮助，为上级机关提供批复的依据。

（2）必须在事前，请示的事项必须经上级机关批复后才能处理实施。

（3）上级机关要以批复形式答复。

（4）内容单一，一文一事。

写·作·指·南

一、报告的写作格式及要求

1. 写作格式

报告一般由标题、主送机关、正文和落款 4 部分组成。

（1）标题。报告的标题有两种拟法：一是完全式标题“发文机关 + 事由 + 文种”，二是非完全式标题“事由 + 文种”，如《关于 2011 年上半年工作情况的报告》、《× × 中等职业学校教务处关于 2011 年度教学工作情况的报告》。有些专用报告前通常不用“关于”，如《政府工作报告》。

（2）主送机关。写明上级机关的全称或规范化简称。报告的主送机关只能有一个，其他机关以抄送形式处理。

（3）正文。报告的正文由开头、主体、结尾 3 部分组成。①开头：概括说明写报告的缘由或总结报告主旨，概述各方面工作总的情况。这部分末尾习惯用“报告如下”等词语过渡。②主体：这部分是报告的核心。要详细叙述有关情况，包括取得的成绩、经验、存在的问题、应吸取的教训，以及今后有哪些打算，采取什么措施等。在叙述中要重点突出，要以数据和材料说话。③结尾：用习惯用语作结语，如“以上报告，如无不妥，请批转执行”、“以上报告请审阅”、“以上报告妥否，请指示”。这里要注意的是报告不要求上级批复，所以结语不宜出现“请批示”的字眼。

（4）落款。与其他公文相同。

2. 写作要求

（1）重点突出。报告要抓住主要问题反映，重点内容要详细，不要事无巨细。

（2）条理清楚。报告以叙述事实为主，在讲事实、摆情况时要注意内在的联系，要有一定的逻辑顺序，不能杂乱无章。

二、请示的写作格式和要求

1. 写作格式

请示由标题、主送机关、正文和落款4部分组成。

（1）标题。请示的标题和报告一样，有两种写法：“发文机关＋事由＋文种”或“事由＋文种”。

（2）主送机关。和报告一样，请示的主送机关只有一个，即直接的上级主管机关。

（3）正文。请示的正文由开头、具体事项、结尾3部分组成。①开头：说明写请示的缘由。这一部分是能否得到上级认可批准的关键，用语要简明，说理要充分，要有理有据。②具体事项：请示的事项要具体、明确。说理要充分，提出的要求要合理，具有可操作性。③结尾：一般用“以上请示，当否（妥否），请批复（批示）”。

（4）落款。与其他公文相同。

2. 写作要求

（1）一事一请。请示内容单一，必须坚持一事一请。

（2）不可越级。请示应当逐级行文，不可越级。如果有特殊情况，必须越级，应将请示同时抄送所越过的上级领导机关。

（3）不可多头请示。按照“谁主管就向谁请示”的原则，不可同时请示两个或多个上级机关。受双重领导的机关向上请示也要根据具体情况主送一个主管的领导机关，另外抄送另一个领导机关。

（4）语气要谦虚恭敬。在写请示事项时，只能写“拟”怎么办，不能写“决定”怎么办。

三、批复的写作格式和要求

1. 写作格式

批复一般都很短小、简明，由标题、正文和落款3部分组成。

（1）标题。批复一般都用“发文机关＋事由＋文种”的完全式标题。其中发文机关名称要讲究规范，不能随意略写或简化，简化机关名称要与其他文件中的提法一致。批复的事由有两种写法：一种是用介词“关于”加上批复的事项，如《教育委员会关于增拨教育经费的批复》；另一种是在关于和批复事项前再加上一个表态词“同意”，如《教育委员会关于同意增拨教育经费的批复》。

（2）正文。批复的正文有比较稳定的结构，一般由引语、意见、结语3部分组成。①引语：开头引述下级来文的标题、发文字号或发文日期作为批复的缘由和依据。例如，

“环保总局《关于申请批准渤海碧海行动计划的请示》（环发〔2001〕57号）收悉”，“你局××××年×月×日《关于要求将工程设计单位改为企业的请示》收悉”。②意见：这是批复的主体。一般包括批复表态和批复说明两部分。是批准还是不批准，同意还是不同意都要确切写明。批复说明，即说明表态理由，还可在表态基础上强调其意义，提出希望和要求。③结语：一般换行空两格写“特此批复”或“批复”作结语。现在也有很多不用结语，主体部分写完就结束正文。

（3）落款。写明发文机关和日期。

2. 写作要求

（1）批复要有针对性。要弄清请示的事项，答复要全面。

（2）批复意见具体明确。

（3）及时批复，以免贻误工作。

（4）篇幅要短小，一般无须做具体分析。

【知识拓展】

【示例一】报告

××省商业厅关于

××市百货大楼重大火灾事故的报告

商业部：

19××年2月20日上午9点40分，我省××市百货大楼发生重大火灾事故，市消防队出动15辆消防车，经4个小时的扑救，火灾才被扑灭。这次火灾除消防队员和群众奋力抢救出部分商品外，百货大楼3层楼房的余下商品全部烧毁。时值开始营业不久，顾客不多，加之疏散及时，幸而未造成人员伤亡。但这次火灾已造成直接经济损失792万元。

经查明，此次火灾是因电焊工×××违章作业，在一楼电焊铁窗架时电火花溅到易燃货品上引起的。另外，市商业局领导对上级领导机关和公安消防部门的安全防火指示执行不力，百货大楼安全制度不落实，许多安全隐患长期未得到解决，电焊加固铁窗，本应停止营业，为了利润，竟边营业边作业，忽视了安全工作，这也是造成火灾的原因之一。

火灾发生后，省人民政府召开了紧急防火电话会议。严肃指出了××市发生火灾的严重性。批评了××市不重视安全工作的错误倾向。我厅×××副厅长带领有关人员赶到现场处理。市商业局领导在市委、市政府领导下，组织力量对财产进行清理。百货大楼职工在总结教训的基础上，在街道路口增设摊点，以缓和市场供应。公安机关对事故责任者×××已拘留审查。市委、市政府在分清责任的基础上，对有关人员视情节轻重，进行严肃处理：给予专管安全工作的百货大楼党委副书记、副总经理×××撤销党内外职务，开除党籍，开除公职的处分并交司法部门依法处理；撤销百货大楼党委书记和商业局党组成员、市百货大楼总经理×××的职务。

这一次火灾事故，是我省商业系统历史上最大的一次，损失严重，影响很坏，教训深刻。问题虽然发生在××市，但也暴露了我省商业安全工作上还存在不少问题，有的地区安全制度不落实，检查不认真，隐患整改不力，缺乏针对性的防火措施。我们平时深入了解不够，检查督促不严，因此，我们也有一定责任。为了吸取教训，防止类似事故发生，已根据我省实际，多次用电报、电传、电话、简报通知各地引起注意，并定于4月20日召开全省商业安全工作会议，制定下一步安全工作方案，切实把我省商业系统安全工作抓紧、抓好。

特此报告。

××商业厅

××××年四月十五日

评析：这则情况报告采用完全式标题。第一段概述了所报告事项的主要内容。第二段写明了事故发生的原因和责任分析。第三段详述了处理的经过和意见。末段指出应吸取的教训，并提出希望。结尾为惯用语。报告重点突出、条理清楚。

【示例二】请示

××省地质勘测大队关于购置冷藏箱的请示

省地质矿产局：

我们地质勘测大队共有×个常年在偏远山区进行野外作业的作业队，其饮食原料储藏问题急需解决。这些作业队原来采购食品，由于没有冷藏箱，只能完全靠汽车运输。每年一到作业季节，平均每天将出动车辆×辆次，人员×人次，消耗汽油×吨，费用巨大；而且即使如此频繁采购，仍满足不了供应，肉食和蔬菜腐烂变质的情况仍不可避免。这不仅严重危害野外作业人员的身体健康，而且给城乡交通增加了负担，造成交通事故隐患。近两年工作人员因食物变质致病人数为×人，因频繁采购导致的交通事故共有×起。

因此，我们准备从明年起，开始为野外作业队购置一批冷藏箱，每台需款×元。考虑到一次解决款项太大，我们打算根据各队需要的缓急程度，逐年给予解决。明年拟购置×台，需资金×元。现在我队有余款×元，用在此事方面正好合乎规定，但尚缺×元。请局里予以拨款×元。

以上请示妥否，请审核批复。

××省地质勘测大队

××××年×月×日

评析：这是请求批准类请示。重点突出、条理清楚。首段写明缘由，言辞恳切，理由充分。第二段写明请示的具体事项，考虑周全、具体明确。最后用惯用语结束全文。

【示例三】批复

文化部关于同意××××有限公司设立为经营性互联网文化单位的批复

××市文化广播影视管理局：

你局《关于要求将××××有限公司设立为经营性互联网文化单位的请示》沪文广影视〔2004〕1824号收悉。

经研究，同意××××有限公司从事互联网文化经营活动，核发《网络文化经营许可证》。

此复。

文化部

二〇〇五年三月九日

评析：这则批复采用完整式标题。引语部分引述原文作为批复依据。批复事项仅一句话且加入了表态动词“同意”，表明态度，简洁明确。结语使用“此复”惯用语。

第七课 议案

应知导航

（1）了解议案的概念、特点及种类。

（2）掌握议案的写作要求及方法。

知识探究

一、议案的概念

议案是各级人民政府按照法律程序向同级人民代表大会或人民代表大会常务委员会提请审议事项时所使用的公文。

二、议案的特点

1. 制发主体的法定性

按照国务院办公厅的规定，只有各级政府才能向同级人民代表大会提出议案。即使参照全国人大组织法和地方组织法的规定，对议案作广义的理解，有权提出议案的仍然是少数的法定机构，党团组织、社会团体、政府各部门、企事业单位等，都无权提出议案。因此，议案这种文体在基层使用很少。

2. 所提内容的特定性

宪法和人民代表大会组织法规定，议案的内容必须是属于人民代表大会及其常务委员会职权范围之内的事项。超出人民代表大会及其常务委员会职权范围的议案，不会被人民代表大会及其常务委员会接受。

3. 严格的适时性

议案必须在各级人民代表大会或其常委会举行会议期间提出，否则也不会被列为议案。

4. 行文的定向性

议案只能由各级人民政府向同级人民代表大会或其常务委员会行文，不能向其他部门单位行文，主送机关也只有一个。

5. 事项的必要性和可行性

适合提交人民代表大会会议审议的事项，必须是重要事项，而且议案中提出的方案、办法、措施，也必须是切实可行的，这样才有可能获得通过。因此，针对性、必要性、务实性、可行性，这都是议案必须具备的品质。实事求是、脚踏实地、符合人民群众的意愿和要求，这些都是撰写议案的基本原则。

三、议案的种类

按照内容不同，议案主要包括以下 4 类。

1. 立法性议案

立法性议案所适用的背景主要有以下两种：一是政府机构制定了某项法律或法规之后提请人民代表大会审议通过时；二是建议、请求某行政机构制定某项法规时。前者如《国务院关于提请审议〈中华人民共和国著作权法（草案）〉的议案》，后者如《关于尽早制定我省普及九年制义务教育实施条例的议案》。

2. 重大事项的决策性议案

重大事项的决策性议案则主要适用于提请人民代表大会审议批准关于财政预算决算、城乡发展规划、重大工程上马以及政治、经济、文化、教育、科技、卫生等领域中的重大事项时。如《国务院关于提请审议兴建长江三峡工程的议案》。

3. 任免性议案

行政机关向权力机关提请任命、免去或撤销行政机关工作人员职务，请求人民代表大会审议批准的议案，就要使用任免性议案。如《国务院关于提请××等同志职务任免的议案》。

4. 建议性议案

以行政部门的身份向权力部门提出建议，也可以使用议案。这种议案有些像建议报告，供人民代表大会审议、采纳。

写·作·指·南

一、议案的写作格式

议案一般由标题、主送机关、正文和落款 4 部分组成。

1. 标题

议案的标题采用常规公文标题模式，有两种写法：一是“发文机关＋案由＋文种”；二是“案由＋文种”。前者如《××市人民政府关于提请审议〈××市乡镇企事业条例〉的议案》；后者如《关于提请审议修改后的×××机构改革方案的议案》。议案标题一般不能采用发文机关加文种或者只有文种的写法。

2. 主送机关

议案的主送机关，只能是同级人民代表大会及其常务委员会，不能有其他并列机关。要采用全称或规范化简称，不得随意简化。

3. 正文

案据：议案的第一部分叫案据，顾名思义，这部分要提供提出议案的根据。

方案：方案部分，就是对提请审议的事项或问题提出解决的途径和方法。

结语：结语是议案的结尾部分，主要用于提出审议请求。一般都采用模式化写法，言简意赅。如“这个草案业经市政府同决，现提请审议。”

4. 落款

一般行政公文，最后签署的都是发文机关的名称，而议案有所不同，要由政府首长签署。国务院提交给全国人大的议案，要由总理签署；各省、市、自治区提交给同级人民代表大会的议案，要由省长、市长或自治区主席签署。

日期格式与一般行政公文相同。

二、议案的写作要求

（1）要依照国家法律规定的职权范围行文。

（2）要言之有理。

【知识拓展】

【示例一】立法性议案

×××关于提请审议《×××城市拆迁办法（草案）》的议案

全国人民代表大会常务委员会：

为了适应社会主义经济体制发展需要，推动城市发展和革新，促进社会发展进步，国土资源部草拟了《×××城市拆迁办法（草案）》。此草案已经×××会议通过，现提请审议。

×××　××

二○一○年十一月八日

【示例二】任免性议案

关于提请任命×××、×××职务的议案

市人大常委会：

根据《中华人民共和国地方各级人民代表大会和地方各级人民政府组织法》的有关规定，现提请任命×××、×××为市人民政府副市长。请审议决定。

附件：干部任免呈报表（略）

市长　××

二○××年×月×日

【示例三】建议性议案

××市人民政府关于提请审议
《××市乡镇企业条例（草案）》的议案

为保障县镇企业的合法权益，规范乡镇企业的行为，促进乡镇企业高效、持续、健康发展，我们经过调查研究，在广泛征询各方面意见的基础上，草拟了《××市乡镇企业条例（草案）》。

这个草案业经市政府同意，现提请审议。

××市人民政府市长　×××
一九九四年九月四日

评析：以上三则议案，案据明确，行文清晰，用语严谨，简明扼要。

第八课　函

【应知导航】

（1）了解函的概念、特点及种类。

（2）掌握函的写作要求及方法。

【知识探究】

一、函的概念

函是不相隶属机关之间商洽工作和答复问题，向有关主管部门请求批准和答复审批事项时使用的公文。

二、函具有如下特点

（1）使用广泛。函可以用于平行机关和不相隶属机关之间，从行文方向上看，函主要是平行文；但也可以用于上下级机关之间。

（2）方便灵活。函适用于各类公务活动，一般不受级别高低的制约，行文方向灵活，内容繁简、事情大小均不受限制。

三、函的种类

函按性质分，有公文函和公务便函两种。按行文方向，函有致函和复函两种。

函按适用范围可以分为以下几类。

（1）商洽函：用于平级或不相隶属的机关事业单位之间商量洽谈有关事务时使用。

（2）询问函：用于向有关单位查询、了解问题，上行、平行、下行均可使用。

（3）请求函：用于向有关职能主管部门请求帮助解决有关问题，上行、平行均可。

（4）告知函：用于向有关单位告知某些情况或事项，多为平行、下行文。

（5）答复函：用于针对对方来函所作的答复，上行、平行、下行均可使用。

写·作·指·南

一、函的写作格式

函是由标题、主送机关、正文和落款4部分组成。

（1）标题。函的标题由“发文机关＋事由＋文种”3部分组成，有的函可以省略发文机关。如果是答复性的函，文种名称应写“复函”或“函复”，如《关于本市注册会计师执业资格考试收费问题的复函》。

（2）主送机关。写明接受该函的单位。

（3）正文。函的正文由缘由、事项和结语3部分组成。

①缘由：写明发函的事因或目的。如果是复函，要引述对方来函的标题、发文字号，以示慎重。

②事项：这是函的主体。主要写商洽什么事，解决什么问题，了解什么情况，答复什么问题。答复性的函，应作出针对性的答复，需要表态的，态度要明确。

③结语：函的结束语较多，常用的有“特此函商”、“专此函洽”、“敬请函批”等。在复函中常用“特此函复”、“特此函告”、“此复”等。

（4）落款。写明发文单位和日期。

二、函的写作要求

（1）一函一事。为了便于对方单位及时处理，函的行文不应一函多事。

（2）行文简洁。要开门见山，直陈其事。

（3）用语得体。由于函多在不相隶属的机关单位中使用，故互相之间发函必须有礼、得体、平和，相互尊重。

【知识拓展】

【示例一】请求函

关于请求代培统计人员的函

××省××市统计局：

得知你市将于今年暑期举办统计人员培训班，系统培训统计人员。国务院《关于加强统计工作的决定》下达以后，我们曾打算集训我区统计人员，但由于力量不足，未能办成。现在你市决定举办培训班，我们拟派10名统计员（地直2名，每县1名）随班学习，请你们代培。如蒙同意。将是对我地区统计工作的有力支持。代培所需费用由我们如数拨付。

敬请函批。

××省××地区统计局

××××年×月×日

评析：这则请求函，首先写明发文缘由，既而陈述向主管部门请求批准的事项，行文简洁，言辞恳切；最后用惯用语结束全文。

【示例二】答复函

××省人事厅关于批准录用×××等××名

同志为国家公务员的复函

××省公安厅：

你厅2000年5月10日《关于拟录用2000届大学毕业生的函》（公安政〔2000〕18号）收悉。

根据中共××省委组织部、××省人事厅《关于部分省级机关从2000年应届高校毕业生中录用国家公务员的通知》规定，经考试、考核合格，批准录用×××等××名同志为国家公务员。

特此函复。

附件：录用人员名单

××省人事厅（印章）

××××年×月××日

评析：这份答复函，首先引述来函作为复函的背景、依据，依据明确。行文内容前后呼应，简明扼要。最后以“特此函复”结尾并注明复函机关和日期。

第九课 会议纪要

【应知导航】

(1) 了解会议纪要的概念及特点。

(2) 掌握会议纪要的写作方法。

【知识探究】

一、会议纪要的概念

会议纪要是记载传达会议情况和议定事项的公文。它的行文方向比较活，可以是上行文、下行文和平行文。它是根据会议记录、会议文件材料、会议活动情况等进行综合加工整理后形成的。它比原始记录更加精练、集中。会议纪要具有情况通报、执行依据等作用。主要有情况性会议纪要和议决性会议纪要两种。

这里要注意会议纪要不同于会议记录。第一，性质不同。会议记录是讨论发言的实录，属事务文书，不属于公文；会议纪要只记要点，是行政公文。第二，功能不同。会议记录一般不公开，无须传达或传阅，只作资料存档；会议纪要通常要在一定范围内传达或传阅，要求贯彻执行。

二、会议纪要的特点

（1）纪要性。会议纪要是对会议中重大的，值得重视的事项、议题、意见的记载。

（2）指导性。会议纪要主要向与会单位及其下属机关传达、贯彻会议精神，作为公文传达或印发，具有一定的约束力和指导作用。

（3）知照性。会议纪要除了具有指导性之外，还可以发送给有关单位，用于沟通情况，使对方知晓相关事项。

写·作·指·南

一、会议纪要的写作格式

会议纪要由标题、成文日期和正文3部分组成。

（1）标题。会议纪要的标题相对其他公文的标题来说，写法较灵活，具体写法有如下几种情况。

①“会议主办单位+会议名称+文种”，如《人文学院思想政治工作会议纪要》。

②“会议名称+文种”，如《全国商标工作会议纪要》。

③“会议内容+文种”，如《关于研究今年农产品收购资金问题的会议纪要》。

④双行标题，正标题揭示会议主题，副标题写明会议内容和文种，如

对比反映差距，差距说明潜力

——郑州市六个棉纺织厂厂长座谈会纪要

⑤以会议地点代替会议名称，如《北戴河会议纪要》。

（2）成文日期。以会议的日期为成文日期写在标题的正下方，用圆括号括入。

（3）正文。会议纪要的正文一般由会议的基本情况、主要内容和结尾3部分组成。

①会议的基本情况。介绍会议概况，如召开会议的目的、指导思想、宗旨、议题、时

间、地点、主持人、与会人员，对会议成果的评价。

②会议的主要内容。这是会议纪要的主体，介绍会议的主要情况，议定的事项，提出的任务与要求等。如果会议规模大，涉及的内容多，要分段分层次表述，习惯在首段使用“会议认为”、“会议强调”、“会议指出”等习惯用语。

③会议的结尾。提出希望、要求，发出号召。会议纪要有的也不要结尾，主体部分写完就结束。

二、会议纪要的写作要求

(1) 突出主旨、抓住“要”字。会议纪要要把握会议的本质，对主要精神、有价值的观点或意见作报道。

(2) 概括全面，如实反映。会议纪要要善于对会议的情况作全面完整的综合概括。同时要真实准确，不能歪曲别人原意。

(3) 条理清晰。在正文内容的写作上，要适当地分条、分层次反映，做到条理清晰、主次分明，以便人们更好地把握会议的精神要点。

知识链接

会议纪要起草程序：与其他公文比较而言，会议纪要的写作程序较为复杂，要想起草一份合格的会议纪要，绝不是信笔为文所能办到的。一般来说，会议纪要的起草者要经过“读”、“记”、“听”和“写”的程序。

【知识拓展】

【示例一】情况性会议纪要

××市中职语文首届学术年会会议纪要

(2005年6月10日)

为了贯彻《××市中小学、中等职业学校开展第三阶段教学设计与实施活动的工作意见》的精神，交流教学科研成果，探索中职语文课堂教学改革的方式方法，2005年6月9日至6月10日，在××市××××主持召开了首届学术年会，全市各中等职业学校的语文老师、获奖论文作者、语文说课决赛教师代表以及语文教研会常务理事共70多人出席了会议。

本届学术年会的主题是“中职语文课堂教学改革与发展性教学评价研讨”。学术年会如期完成了预定的各项工作：

一、观摩中职语文教师专业技能竞赛

为了适应中等职业教育教学方式的变革，配合语文学科课程改革，加强教学实践研究，提高教师的素质和教学水平，××市中职语文教研会在本学期第8周、第12周，分别组织进行了全市中职语文教师说课初赛和决赛，评选出《炉中煤》(×××老师)、《念奴娇·赤壁怀古》(×××老师)、《渔夫和金鱼的故事》(×××老师)、《乡愁》(×××老师)、《诗经·氓》(×××老师)共5个说课一等奖。

二、交流中职语文发展性教学评价、语文课堂教学改革的经验按照××市教育局教研室的教研工作要求，××市中职学校语文教研会认真组织中职语文教师，根据学科教学的特点进行教学科研。既继承前两个阶段研究提出的教学设计优化与课堂教学优化的价值取向和理论框架，巩固、完善与深化课型与教学模式研究的成果，又以发展性教学评价的研究与实践为主题开展第三阶段教学设计与实施活动，逐步探索多元化的、服务于不同发展目标的、操作性较强的发展性教学评价方式，促进教学过程的优化，深化课堂教学改革。

三、探讨中职语文课程改革的问题

市教研室×××科长就中职语文发展性教学评价问题作了重要发言，强调了中职语文课程改革的重要性；要求各校要适应实行学分制的需求，探索中职语文教育教学的规律。他充分肯定了老师们在改革和实践中所取得的成绩，并希望大家继续努力，进一步深化我市中职语文的课程改革。与会老师也互相交流和探讨了当前中职语文教学的热点话题。

四、颁发获奖论文和说课决赛获奖证书

本届学术年会从征集到的100余篇论文中选出88篇学术论文汇编成册。这批论文反映了我市中职学校语文教师学习和贯彻《××市中小学、中等职业学校开展第三阶段教学设计与实施活动的工作意见》的教学实践和教研成果。

在第三阶段教学设计与实施活动中，论文的作者大多采用以行动研究为主的教研方式，进行教学科研，并且取得了硕果。经××市中职语文教研会常务理事和特约教研员的评审，本届学术年会从汇编的学术论文中评选出：一等奖6篇，二等奖18篇，三等奖29篇。年会对获奖论文以及说课比赛一等奖5个，二等奖5个，三等奖9个颁发了获奖证书。

年会诚望本次学术论文获奖者、说课获奖者再接再厉，同时感谢所有积极参与和支持本次学术年会的学校领导和教师。

（来源：广州教研网）

评析：这是一篇值得学习和借鉴的情况性会议纪要。首先介绍会议概况，会议的目的、时间、地点、出席人员情况；既而介绍了会议的议题，综述了会议完成的各项工作并提出了希望。行文条理清楚、主旨突出。

【学以致用】

1. 什么是公文，公文是如何分类的？
2. 公告与通告有何区别？
3. 通知分为哪几种类型？在写作中要注意哪些问题？
4. 通报与通知有何区别？
5. 请示的类型有哪些？
6. 报告和请示的区别是什么？
7. 会议纪要和会议记录之间有什么区别？

8. 会议纪要在写作上有什么要求?

9. 以下两例公告，文种使用是否正确，为什么?

(1) 迁坟公告。

因国家建设风景区需要，经上级批准，凡在××市横山以东，即南至×××，西至××，北至×××，东至×××范围内的坟墓，必须一律迁移，希各坟主家属从登报之日起，至××××年×月×日止，前去×××乡办理迁坟手续。过期作无主坟处理。特此公告。

×××乡

××××年×月×日

(2) 迁址公告。

×××饮食店因房屋租用期限已到，将于2004年9月27日迁至本市××区二纬路23号，邮政编码××××××。联系电话：××××××××。特此公告。

×××饮食店

××××年×月×日

10. 根据以下材料，撰写一则通告。

××省教育厅、公安厅为了维护学校的正常秩序，保障广大师生员工的人身安全，保证学校教学工作的顺利进行，发了一则通告。通告的具体内容：

没有经过学校的允许，无关人员不可以随便进入学校。对那些寻衅滋事，殴打、侮辱师生员工，抢劫师生员工财物，严重破坏学校秩序的犯罪分子，要坚决打击，依法惩处。任何单位和个人不准侵占学校的土地、校舍、操场以及学校的附属设置，不准进学校推销，或占用学校场所搞其他的活动。不准破坏学校校舍、教学设备和环境卫生。不准堵塞学校的道路，污染学校的水源，卡断学校的电路，强行从学校通过。禁止各种商贩到学校或者在学校门口摆摊叫卖。严禁翻印、出售、传抄、传阅反动淫秽书刊和播放反动、黄色歌曲。这份通告要求在公布之日起正式施行，对违反本通知的人，经教育又不听者，根据其情节轻重，将依法给予处理。通告发布日期为二〇〇六年九月一日。

11. 根据要求撰写一则通知。

学校学生会最近决定和区消防中队的武警官兵组织一次联谊活动，为了贴近同学们的生活，广泛深入地征询大家的意见和建议，共同搞好这次活动，要求各班的文艺委员于11月11日中午12点30分到学生会集中，交流讨论各班的情况。请你为学生会主席周华草拟一则会议通知。

12. 根据下列所给的两份材料，分别写一份批评性通报、一份表扬性通报。写作中，要根据通报的写作要求补充相关内容。要求事件叙述清晰，观点明确，格式正确。

材料一：学校××年级××系×××同学，平时学习不认真，经常旷课，缺交作业，上课时或者与人讲话，或者打瞌睡。在×月××日“财务会计”的期末考试中作弊。当时情况如下：该同学将事先准备好的字条放入铅笔盒中，趁打开铅笔盒时偷看。该生不断开、关铅笔盒的情况引起监考老师的注意。当老师要检查他的铅笔盒时，他执意不肯交出，后又迅速将字条揉成一团塞进口袋，并称老师无权搜身，不肯承认自己的作弊行为，态度极为恶劣，还影响了其他同学的考试。根据学校有关规定，对考试作弊的同学，取消其该门课的考试成绩，并不得参加正常补考。如果态度恶劣，还可给予行政记过处分或开除处分。

材料二：有一同学是××学院A系B专业××级学生。10月15日晚上10点多钟，该同学在从教室看书回宿舍的路上，捡到一个黑色的钱包。他打开一看，里面有现金2 000多元以及3张银行卡，还有身份证、电话IP卡、饭卡等。虽然他家里经济状况并不好，但他在没有别人发现的情况下，毫不犹豫地将钱包交到了学院保卫处。经保卫处根据身份证上的地址联系，钱包是机电专业××教师的。××教师对他十分感激，当即拿出200元给他，他坚决不要，并说："这是一个学生应当做的。"经过院学生工作指导委员会研究决定，对×××同学通报表扬，并给予一定的奖励。

13. 根据以下材料分别写一份请示和批复。要求：格式正确，用语恰当。请示、批复均为100~200字。

五四青年节即将来临，你们系学生会要组织一次题为"真我风采无悔青春"的诗歌朗诵大赛，经过预算需要活动经费×××元。请你代表系学生会给校团委写一份请示，再写一份予以批准的批复。

14. 根据以下材料，拟写一份会议纪要的标题和会议的基本情况。

×××在北京市召开第九次全国大学英语四、六级考试总主考会议。出席会议的有来自全国27个省、自治区、直辖市的四六级考试总主考、副总主考代表，还有高教司和全国大学英语四六级考试委员会的代表，总共有71人。会议时间是两天，从4月3日至4日。这次会议的中心议题主要有两个，一是根据《大学英语课程教学要求（试行）》，研讨大学英语四六级考试改革；二是要严肃四六级考试考风考纪，加强考务管理。教育部高教司领导在会上作了重要讲话，全国大学英语四六级考试委员会领导作了关于四六级考试现状的报告。随后，代表们分成三组召开座谈会，在座谈会上他们围绕领导讲话进行了充分热烈的讨论，同时提出很多有益的意见和建议。

15. 根据以下材料写一份决定。

你们学校在2009—2010学年度涌现出了一批先进的班级和德、智、体全面发展的学生。为了表彰先进，营造良好的学习氛围，经民主测评，系部研究推荐，学工处审定，公示征求意见和校领导批准，学校决定对2009—2010学年度的2个"文明班集体"、100名"奖学金"获得者、45名"三好学生"以及70名"优秀学生干部"予以表彰。请你以学校名义拟写一份决定。发文日期为：2010年9月20日。

开篇寄语

有没有在去往学校食堂的路上听到过"Say you, Say me..."有没有在操场上做过神情激昂新生演讲，有没有在运动会上向主席台不断地发送通讯小稿；将来会不会成为一个电台 DJ 与听众共思共想，会不会作为一名记者报道硝烟战况……宣传应用文将教会我们如何通过大众媒体或在公共场合中面对面地与人交流。

宣传篇

——让世界与我共思共想，让我与世界同长同强

第一课 宣传应用文

应知导航

（1）了解宣传应用文的概念。

（2）通过比较，体会宣传应用文的特点。

知识探究

一、宣传应用文的概念

宣传应用文是指为某种目的通过大众媒体（报纸、广播、电视台等）或公共场合中面对面的交流，对公众进行宣传、说明和介绍信息、知识的一类应用文体。

二、宣传应用文的特点

宣传应用文，就其写作目的来说，主要是进行宣传、介绍；就其传播对象来看，面对的是大众，既有大众媒体的读者、听众、观众，又有特定场合下面对面的公众。这类应用文与其他种类的应用文相比，具有以下特点。

1. 表达方式比较灵活

宣传应用文以教育、宣传为目的，为了吸引更多读者，增强文章的感染力，宣传应用文往往运用多种表达方式。新闻稿（狭义）表达方式相对简单，主要以叙述为主，兼有议论、说明。演讲稿综合运用议论、叙事、抒情等多种表达方式，增强感染力和鼓动性。通讯则运用叙述、描写、抒情、议论等多种表达方式，渲染气氛、深化主题。广播稿是广播媒体中经常使用的各种新闻类文体的统称，包括广播中播出的消息、通讯、录音报道等，综合性更强。

2. 语言讲求通俗性、形象性

宣传应用文要起到宣传、介绍的作用，在语言上就必须明白晓畅、通俗易懂，让读者、听众或观众能在短时间内抓住主旨，同时为增强文章吸引力，语言还要注重形象性。

3. 传播范围广泛

宣传应用文是以人民群众为传播对象的，与公文、事务应用文等针对性强的应用文比较而言，宣传应用文传播范围更广。

第二课 新闻稿

应知导航

(1) 了解新闻稿的概念、特点及种类。

(2) 掌握新闻稿的写作要求及方法。

知识探究

一、新闻的概念

新闻有广义和狭义之分。广义的新闻包括消息、通讯、特写和调查报告等。这里介绍的是狭义新闻，是对新近发生的、广大公众普遍关心的事实的报道，一般指消息。

二、新闻的特点

(1) 新鲜性。新闻报道的内容是新事、新人、新动态。

(2) 真实性。真实是新闻的生命。新闻必须用事实说话，做到言之有据。另外，新闻人物、地点、时间、数字等都应准确无误。

(3) 时效性。新闻不仅要求报道内容新，而且要求报道时间新。新闻是一种最讲时效的宣传形式，报道迟了，延误了时机，新闻就失去了价值。

> **闲言碎语**
>
> News 是 North、East、West、South 的首字母缩写，定为来自世界各地的消息。这是新闻最早也是最广泛的定义。

(4) 简短性。新闻的篇幅一般都比较短小，几十字、近百字或几百字就足够了。

三、新闻的种类

报纸上常见的新闻，按写作特点可分为动态新闻、综合新闻、经验新闻、述评新闻和人物新闻。

(1) 动态新闻。迅速及时地反映事件最新动态、最新特点的新闻。它是新闻中最常见的一种，也是报纸上数量最多的一种新闻形式。这类新闻一事一报，篇幅短小。

(2) 综合新闻。综合地报道一个地区或一条战线的情况、动向、成就、问题的新闻。综合新闻注重点面结合、反映全局。综合新闻既有典型事实，又有对全局情况的概括。

(3) 经验新闻。报道某一部门或某一单位工作中的新做法、新成绩和新经验的一类新闻。

（4）述评新闻。用夹叙夹议的方式，在叙述中发表作者观点，来反映当前形势、事态、问题的新闻。

（5）人物新闻。宣传新闻人物，突出反映人物的思想品德、优秀事迹和精神风貌的新闻。

写·作·指·南

一、新闻稿的写作格式

新闻稿写作有比较固定的结构形式，一般由标题、导语、主体和结尾4部分组成。

1. 标题

标题是新闻的眼睛，好的标题往往使读者一目了然、印象深刻。新闻的标题分为单行式和多行式。单行式标题只有一个标题，它是对新闻内容的高度概括，使人一见标题就知道新闻的主题。多行式标题分为3种形式：引题、正题、副题。

引题在正题之上，主要从一个侧面对正题进行引导、烘托或渲染；正题是揭示新闻中最重要、最吸引受众的信息，是新闻的核心部分；副题在正题之后，用来补充、注释和说明正题。例如：

引题 + 正题 + 副题	与其在大城市苦熬不如回乡创业（引题）邓州200多名大学生“凤还巢”（正题）创办103个涉农企业总产值过亿助推当地经济（副题）
引题 + 正题	8月底公开招聘，需要人数近10万人，奥组委志愿者部称（引题）做志愿者绝不是件轻松的差事（正题）
正题 + 副题	高技能人才成了“香饽饽”（正题）沈阳举办“技能成才我成功”主题演讲比赛（副题）

2. 导语

导语是新闻的开头，可以用一句话，也可以用一个自然段，简明扼要地概括最新鲜、最主要的事实，提示新闻要旨，以吸引读者阅读全文。

3. 主体

主体是新闻的主干，是新闻最基本、最重要的组成部分。主体一方面是对导语进行解释、深化和具体化，进一步提供有关细节和背景材料，使其更清楚、明确、具体；另一方面是对导语中未提及的事实作补充。主体部分要用充分的有说服力的事实材料表现新闻的主旨。新闻主体的结构形式大体有两种。

（1）倒金字塔结构。倒金字塔结构是新闻写作中最常见的一种结构方式。它以事实的重要性程度或广大群众的关心程度依次递减的次序，先主后次地安排新闻中各项事实内容。

（2）金字塔结构。金字塔结构是按新闻事件发生和发展，即依时间顺序安排材料的一种结构形式。事实的开始和结束，就是新闻的开头和结尾。它适用于前后时间跨度比较小或者有比较完整、曲折的情节或生动细节的新闻事件。

4. 结尾

结尾主要是对全文作简单总结或指出事物发展的趋势。也有的新闻稿没有结尾，事实叙述完毕，就自然结尾了。

二、新闻稿的写作要求

1. 新闻需具备的要素

新闻要把报道的事实交代清楚，一般需要具备以下要素，即时间（When）、地点（Where）、人物（Who）、事情（What）、原因（Why）及进展（How）。这些要素是否要齐全可根据具体情况而定。

知识链接

新闻写作三部曲：采访、写作、编辑。

2. 用事实来说话

新闻要通过事实来说明问题。尤其在导语中，要将事实中最精彩、最重要的部分展示出来。

3. 紧扣主旨

主体部分在具体展开事实时选取的材料要精当，要紧扣新闻主旨。

知识链接

萨莫亚·阿皮亚3月30日电 南太平洋沿岸有史以来最猛烈、破坏性最大的风暴，于3月16日、17日横扫萨莫亚群岛。结果，有6条战舰和10条其他船只要么被掀到港口附近的珊瑚礁上摔得粉身碎骨，要么被掀到阿皮亚小城的海滩上搁了浅。与此同时，美国和德国的143名海军官兵有的葬身珊瑚礁，有的则在远离家乡万里之外的无名墓地，为自己找到了永远安息的场所。

评析：When？3月16日、17日。——讲究“及时性”、“时效性”。

Where？萨摩亚群岛。——重在“确定性”，以免模糊不清。

Who？6条战舰和10条其他船只及美国和德国的143名海军官兵。

What？船舰破坏严重，官兵死亡惨重。

Why？南太平洋沿岸遭遇猛烈风暴袭击。探究事件本因。

这篇新闻的可读性很强，用精练而简短的篇幅生动报道了一场让人们揪心的灾难，事件真实完整，语言通俗易懂，报道客观及时，从而给人留下了深刻的印象。

这是美联社记者约翰·唐宁于1889年3月30日发表的一条新闻，它的引人注目不仅仅由于悲剧事件的触目惊心，更由于“5个W和1个H”，完全具备，从而马上被奉为新闻写作的榜样。

有鉴于此，美联社总经理梅尔维尔·E. 斯通于1898年首次明确地提出，新闻要包含5个“W”（Who——何人、What——何事、When——何时、Where——何地、Why——何故）和1个“H”（How——如何）的基本内容，从而确定了一条新闻写作的原则。

中国新闻工作者在20世纪初引入这一西方新闻的写作原则。

【知识拓展】

【示例】新闻稿

卡车公交车相撞：司机被卡车内

前天晚上7点左右，在××区××××西小营村北，一辆130卡车与一辆330路公交车相撞，10余名乘客受轻伤，卡车司机被困车中。航天城消防中队迅速赶往现场救援。

记者赶到现场时，999急救车已到达。记者看到，130卡车的车头已经严重变形，前挡风玻璃完全破碎，车头被挤压成了一个“扁片”，司机被挤在当中，不能动弹。消防队员先用破拆器将挤压变形的车门打开，然后再用液压支撑杆顶开卡住司机腿部的中控台，最后手持专业工具液压钳，对准卡腿的关键部位油门和刹车板就是几钳子，剪断后，司机的腿已经可以活动，消防队员从另一侧车门进入驾驶室，和周围的群众合力将司机拖出驾驶室，被解救出来的司机立即被送上等候在一旁的999急救车送往医院救治。目前事故原因正在调查之中。

（引自：黄周华：《北京青年报》，2003年7月20日）

评析：这则新闻采用单行式标题，用简明扼要的语言，概括出重要事实，时间、地点、人物、事件、起因几大新闻要素齐全，一目了然，且突出了救助司机的事实细节，极具现场感，行文流畅生动。结语指出了事情发展的趋势。

故事链接

1993年，苏丹爆发全国性的饥荒，其惨不忍睹的景况让世人瞩目。南非自由记者凯文·卡特游历苏丹时，偶然看到这样一幅令人震惊的场景：一个瘦骨嶙峋的苏丹小女孩倒在前往食物救济中心的路上。不远处蹲着一只硕大的秃鹰，虎视眈眈盯着地上那个奄奄一息的弱小生命，等待着即将到口的美餐。凯文·卡特按下快门，抢拍到了这张极为震撼人心的特写照片，将小女孩濒临死亡的绝望气息表达得淋漓尽致。该照片很快传遍全世界，激起强烈反响，凯文·卡特因此名声大振，于1994年4月荣获美国新闻界最高奖普利策新闻奖。然而，就在普利策颁奖仪式结束3个月后，即1994年7月27日夜里，年仅30多岁的凯文·卡特在南非约翰内斯堡自己的寓所中用一氧化碳自杀身亡，留下遗书道出了自杀的原因：他的荣誉是用无辜的小女孩的生命换来的，为此无法摆脱良心的谴责。“我手写我口，我手写我心。”一个人有什么样的人格，就有什么样的文格，所以每一个人都得全力以赴维护和捍卫人的高贵尊严，真正“做一个高尚的人，一个纯粹的人，一个有道德的人，一个脱离了低级趣味的人，一个有益于人民的人”。

第三课 广播稿

应知导航

（1）了解广播稿的概念、特点及种类。

（2）掌握广播稿的写作要求及方法。

知识探究

一、广播稿的概念

广播稿不是一种专门的文体，而是用口头语体写成的，用于广播宣传的各种新闻类文体的统称。

二、广播稿的特点

（1）可听性强。广播稿是通过广播媒体供人听的，且听一遍就过，不像报纸，读者一遍没读懂还可以再读一遍。所以广播稿对可听性要求很高，广播稿必须口语化、通俗化。

（2）高效性。广播稿讲求时效，要先声夺人。报道迟了，广播稿就失去了价值。

（3）广泛性。广播稿一经广播媒体播出就具有广泛的群众性。收听（视）率高，范围广，不受时间、空间和听众知识水平的限制。

三、广播稿的种类

广播稿主要包括广播中播出的新闻、新闻评论、录音报道、录音访问、广播对话等。下面介绍其中几种。

广播新闻和新闻评论是最普遍、最经常运用的报道形式。广播电台每天都要播出新闻、新闻评论，这些都是由采访记者和通讯员提供稿件来源，再由编辑部定稿播放。录音报道是用新闻现场的实况录音和记者的叙述（或写成文字稿由播音员播读）为手段的一种广播形式。录音报道是最能发挥广播特点的报道形式，它能给人以强烈的现场感。录音访问是利用录音手段对采访对象进行访问、谈话的一种报道形式。

写 · 作 · 指 · 南

一、广播稿的写作格式

广播稿种类很多，这里主要介绍几种常用广播稿的写法。

1. 新闻和新闻评论

它们的撰写要求和报纸上的新闻、新闻评论一样，只是要注意结合广播是利用声音传播的特点，要求写作更通俗化、口语化。

2. 录音报道

录音报道是最能发挥广播特点的报道形式，它由文字解说、现场实况录音组成，现场实况录音包括现场音响，如鞭炮声、掌声、火车声等，还有人物谈话。

知识链接

你认为哪些适合用于广播稿？

立即——马上　　地处——位置在

心悸——心跳太快　　备足——准备好了

因此——所以　　迅速——很快就

心焦——心里着急　　备齐——准备齐

（1）文字解说。主要用来交代时间、地点、人物，叙述主要事件，揭示主题。由于现场音响、人物谈话不足以使听众明确地了解报道中事件的具体情况，如有些热闹场合现场声音嘈杂，仅有音响、人物谈话往往会使听众迷惑，因此在录音报道中必须穿插文字解说，而且许多事件的意义也要用文字解说来揭示。

（2）实况录音。现场音响能帮助文字展开情节、渲染主题，增强文字的表现力。录音报道中要善于捕捉现场中最能深刻表现主题、展示风貌的音响素材。

3. 录音访问

录音访问通常是提出问题，请有关人员发表意见、回答问题。有时候在前面加一些简短的介绍，有时候直接进行访问谈话，有时候在谈话中间插入介绍。

二、广播稿的写作要求

1. 篇幅要短小精悍

广播稿的篇幅要比报刊上的新闻报道短小。要使篇幅短下来，首先是主题要集中，其次是选材要精当，组材要详略得当。

2. 结构要严谨而清晰

为了增强可听性，广播稿一般不采用网状形、纵横交叉式等复杂的结构方式，大多采用时间顺序结构或逻辑结构。具体要求有三点：一是主线单一，一篇稿件只围绕一个中心问题来写；二是构思新颖，能吸引听众的注意力；三是层次分明，上下连贯，过渡自然，前后照应，使听众听完全文后对主要内容已了然于胸。

3. 语言表达必须通俗易懂、明白通畅

广播稿的语言应通俗化、口语化，力求做到念起来顺口，听起来顺耳，明白流畅，使人一听就懂，绝不产生误解。为此，必须注意以下几点：不用或尽量少用文言词或半文半白的词句；不用同音不同义的词；在交代人名、地名、单位名时，应用名词直接点明，尽量少用人称代词和指示代词；少用长句和多重复句。

【知识拓展】

【示例】广播稿（录音报道）

菜场用上环保袋

今年的2月26日，×××电视台的×××栏目中曝光了河北省某个家庭作坊用农药桶、油漆桶以及医院废弃输液管等物质制作成食品袋的事，节目中触目惊心的场景让这个农贸市场经理××深受震动。第二天，他就立即召集市场班子，提出在全市场使用绿色环保塑料袋的想法。

想法虽好，但实施起来并不容易。××经理说：

［录音］“我们农贸市场要推广这个工作的话，面对的是几百个老板，我们这里有200多户经营户，要他们每家每户都使用这种可降解的环保塑料袋的话，这个工作量对我们来说是很难的。为什么要使用这个绿色环保袋呢？我们要让消费者能买到放心菜、用上

放心袋；对白色污染的治理工作是每个公民应尽的义务。"[止]

做通思想工作后，市场还和每个经营户签订了"关于统一使用绿色环保袋的责任协议书"，协议书中规定，如果经营户不按市场有关规定，擅自使用不符合规定的塑料袋，第一次发现一律没收，第二次发现停业整顿5天并写出书面保证，第三次发现就取消经营资格。实施这样的协议，经营户们心里会不会有点不情愿呢？毕竟使用环保塑料袋的支出要比从地摊上买来的贵一点啊。卖干货的郑先生乐呵呵地说，成本虽然高了，但顾客也多了，所以没什么好担心的。

[录音]"这种袋子在卫生方面比原先那些有保证了，我们也有了环保意识，同样两个菜场，顾客肯定选择我们这个菜市场；成本相差几分钱对我们来说无所谓的，顾客承受得了，我们也承受得了，对成本不会造成什么影响，总的来说还是划算的。"[止]

对于农贸市场统一使用环保塑料袋的做法，消费者们都持欢迎态度，有的消费者还专程绕道来这个农贸市场买菜，还有的消费者甚至希望购买环保塑料袋放在家里使用。

据了解，在农贸市场内全面使用环保可降解塑料袋的做法今后将在全市推广，同时，今年市贸易局还把这一做法列为评选"绿色市场"的重要标准之一。相信不用多久，××市民们都将过上"用放心袋买放心菜"的生活了。

评析： 这篇录音报道形式的广播稿最主要的特点是将文字解说和实况录音结合起来。全文结构清晰、层次分明，选取的两段录音分别是市场经理的和经营户的。从不同的角度深化主题，极具代表性。文字解说既有对事实的交代，又有对主题的揭示，末段前后照应，提出希望。

第四课 演讲稿

应知导航

（1）了解演讲稿的概念、特点及种类。

（2）掌握演讲稿的写作要求及方法。

知识探究

一、演讲稿的概念

演讲稿又称演说词，是供演讲者发表口头演讲使用的文稿。演讲稿是演讲前准备好的内容完整的文字形式，它不包括演讲提纲等内容不完整的文字，也不等同于对演讲进行现场录音或记录进行加工而发表的文章。

二、演讲稿的特点

（1）针对性。演讲稿的内容是听众最关心、最感兴趣、最想了解的，表达方式也要因人而异，因此，演讲稿的针对性十分鲜明。

（2）鼓动性。演讲稿要具有鼓励性，能起到宣传、教育的作用，这样，才能使听众为之振奋，为之鼓舞。

（3）通俗性。演讲稿最大的特点是直接用口头表述，语言既要通俗化、口语化，又要符合书面语法规范，以讲为主，以演为辅。

三、演讲稿的种类

演讲稿可根据表达方式的不同分为议论型演讲稿、叙事型演讲稿和抒情型演讲稿3种。

写·作·指·南

一、演讲稿的写作格式

演讲稿由标题、称谓、开头、主体和结尾5部分组成。

1. 标题

标题内容进行高度浓缩和概括，要拟得简练、醒目、有吸引力。标题一般有3种类型。

（1）揭示主题型，如《自学可以成才》。

（2）揭示内容型，如《在市教育工作会议上的讲话》。

（3）提出问题型，如《当代中职生应具备什么素质》。

2. 称谓

称谓是对听众的礼貌用语，要亲切、准确，起到拉近距离、沟通感情的作用。格式为在标题行下顶格加冒号。根据听众和讲演内容需要决定称呼，常用“同志们:”、“朋友们:”等，也可加定语渲染气氛，如“年轻的朋友们:”、“艺术专业的同学们:”等。

3. 开头

好的演讲稿一开始就引人入胜。常见的开头方法有开门点题，由演讲的题目讲起，介绍演讲的原因，吸引听众注意，使听众觉得自然、顺畅；开门见山，点出主旨，开端处就点出演讲的论点；援引事例，从具体事例入手引出演讲题目；还有用小故事、寓言、笑话开头，用传闻、个人经历、偶然事件开头，用出乎意料的提问、设问、比喻等开头。

4. 主体

主体是演讲稿的主要展开部分，要做到中心突出、主题明确、条理清晰、逻辑严密、结构灵活、跌宕起伏。主体的结构方式主要有并列式、递进式与对比式。并列式是先一个一个论述问题，后归纳观点，适用于从不同角度论述同一个问题。递进式是一层一层地分析、推理，由小及大，由浅入深，逐步讲清道理，适用于逻辑性强、道理较深的内容。对比式是先对谬论进行批判，由此提出自己的观点，再论证自己观点的正确性。或反过来先立论后驳论，形成正反对比，在对比中肯定自己的观点。主体应力求做到唤起听众的兴趣，吸引听众的注意力，发人深省，扣人心弦。

5. 结尾

结尾是对全文的收尾，好的结尾可以升华主题，加深印象。结束语形式多样，既可总结全篇提示听众将结束，又可帮助听众回顾内容。

二、演讲稿的写作要求

1. 有的放矢主题明确

写演讲稿要了解听众是些什么人、什么年龄层次、文化程度、职业情况，还要弄清听众的心理愿望和要求，特别是要知道他们最关心、最迫切需要解决的问题是什么。只有掌握了这些，演讲稿才会有针对性，才可能引起听众的共鸣。演讲稿注重主题的单一和思想倾向的鲜明，以方便听众集中精力，在短时间内领会演讲的中心意思。

2. 内容要新颖，有吸引力

演讲稿的选题要新鲜，要选择当下现实生活中急需回答的问题。一方面，要善于从新的角度去发现、分析问题，挖掘人们身边存在的新鲜问题；另一方面，材料要新颖，并且注重实例化，以更好地吸引听众，保证演讲效果。

3. 结构清晰完整

演讲稿要求把演讲的内容组织得清晰、完整。层次清晰、有头有尾、一气呵成才能使演讲紧紧抓住听众。

4. 语言要流畅、生动、深刻

流畅是指句子要通顺，语言朗朗上口，切忌咬文嚼字、堆砌辞藻；生动是指语言要富有趣味性，活泼诙谐，在严肃、深刻的演讲稿中插入幽默、风趣的语言，可以增强演讲的表现力；深刻是指语言要有哲理性，演讲一要人爱听，二要人记住，好的演讲稿应能给听众留下一两句富有哲理性的警句，让人铭记不忘。

【知识拓展】

【示例】演讲稿

人格是最高的学位

很多很多年前，有一位学大提琴的年轻人去向 20 世纪最伟大的大提琴家卡萨尔斯讨教：我怎样才能成为一名优秀的大提琴家？卡萨尔斯面对雄心勃勃的年轻人，意味深长地回答：先成为一名优秀的人，然后成为一名优秀的音乐人，再然后就会成为一名优秀的大提琴家。

听到这个故事的时候，我还年少，老人回答时所透露出的含义我还理解不多，然而随着采访中接触的人越来越多，这个回答就在我脑海中越印越深。

在采访北大教授季羡林的时候，我听到一个关于他的真实故事。有一年秋天，北大新学期开始了，一个外地来的学子背着大包小包走进了校园，实在太累了，就把包放在路边。这时正好一位老人走来，年轻学子就拜托老人替自己看一下包，而自己则轻装去办理手续。老人爽快地答应了。近一个小时过去，学子归来，老人还在尽职尽责地看守。谢过老人，两人分别。

几日后是北大的开学典礼，这位年轻的学子惊讶地发现，主席台上就座的北大副校长季羡林正是那一天替自己看行李的老人。我不知道这位学子当时是一种怎样的心情，但在我听过这个故事之后却强烈地感觉到：人格才是最高的学位。

这之后我又在医院采访了世纪老人冰心。我问先生，您现在最关心的是什么？老人的回答简单而感人：是年老病人的状况。当时的冰心已接近自己人生的终点，而这位在八十年前五四运动爆发那一天开始走上文学创作之路的老人心中对芸芸众生的关爱之情历经近八十年的岁月而仍然未老。这又该是怎样的一种品格！

冰心的身躯并不强壮，即使年轻时也少有飒爽英姿的模样，然而她这一生却用自己当笔，拿岁月当稿纸，写下了一篇关于爱是一种力量的文章，然后在离去之后给我留下了一个伟大的背影。

今天我们纪念五四，八十年前那场运动中的呐喊、呼号、血泪都已变成一种文字停留在典籍中，每当我们这些后人翻阅的时候，历史都是平静地看着我们，这个时候，我们觉得八十年前的事已经距今太遥远了。

然而，当你有机会和经过五四或受过五四影响的老人接触后，你就知道，历史和传统其实一直离我们很近。

世纪老人在陆续地离去，他们留下的爱国心和高深的学问却一直在我们心中不老。但在今天，我还想加上一条，这些世纪老人所独具的人格魅力是不是也该作为一种传统被我们延续下去？

前几天我在北大听到一个新故事，清新而感人。一批刚刚走进校园的年轻人，相约去看季羡林先生，走到门口，却开始犹豫，他们怕冒失地打扰了先生。最后决定，每人用竹子在季老家门口的土地上留下问候的话语，然后才满意地离去。

这该是怎样美丽的一幅画面！在季老家不远处，是北大的博雅塔在未名湖中留下的投影，而在季老家门口的问候语中，是不是也有先生的人格魅力在学子心中留下的投影呢？只是在生活中，这样的人格投影在我们的心中还是太少。

听多了这样的故事，便常常觉得自己是只气球，仿佛飞得很高，仔细一看却是被浮云托着；外表看上去也还饱满，但肚子里却是空空。这样想着就有些担心啦，怎么能走更长的路呢？

于是，“渴望年老”四个字对于我就不再是幻想中的白发苍苍或身份证上改成60岁，而是如何在自己还年轻的时候，便能吸取优秀老人身上所具有的种种优秀品质。

于是，我也更加知道了卡萨尔斯回答中所具有的深义。怎样才能成为一个优秀的主持人呢？心中有个声音在回答：先成为一个优秀的人，然后成为一个优秀的新闻人，再然后是自然地成为一名优秀的节目主持人。

我知道，这条路很长，但我将执著地前行。

评析：本篇的演讲者是中央电视台节目主持人白岩松，荣获了“演讲与口才杯”全国新闻界“做文与做人”演讲比赛特等奖。以卡萨尔斯与年轻人的对话开篇，引人入胜，既而从自己所见、所闻、所感出发，阐述了“人格是最高的学位”这个主题，深刻而感人。

故事链接

1940年5月，纳粹德国用“闪电战”突袭欧洲拥有300万大军号称欧洲最大陆军强国的法国，使其在短短的30天中溃败。6月17日，法国最高军事统帅贝当元帅命令法军投降，他说：“为了减轻法国人民的忧愁，除向德国放下武器外，别无选择。”贝当的演讲作为历史上臭名昭著“投降元帅”的演说永远钉在历史的耻辱柱上。在贝当投降的当天，法国国防部长戴高乐将军突然出走英国伦敦，贝当投降政府为此缺席宣判戴高乐死刑。几乎与此同时，伦敦的BBC广播电台向全世界播放了戴高乐去伦敦发表的演说：“……我是戴高乐将军，我现在在伦敦，我向目前在英国土地上和将来可能来到英国土地上的持有武器或没有武器的法国官兵发出号召，我向目前在英国土地上和将来可能来到英国土地上的军火工厂的一切工程师和技术工人发出号召，请你们和我取得联系。无论发生了什么事，法国抵抗的火焰不能熄灭，也绝不会熄灭。戴高乐永远和你们在一起，自由独立的法兰西万岁！”在法国人民处于屈辱、痛苦和危难的时刻，法兰西升起一颗灿烂的政治、军事明星。戴高乐的演说有力地鼓舞了法国抵抗运动的战士和人民的斗争，也使他成为法国人民和第二次世界大战反法西斯英雄，与罗斯福、丘吉尔、斯大林齐名，永垂青史。

第五课　通讯　解说词

应知导航

（1）了解通讯、解说词的概念、特点及种类。

（2）掌握通讯、解说词的写作要求及方法。

知识探究

一、通讯

1. 通讯的概念以及与狭义新闻的区别

通讯是运用叙述、描写、抒情等多种表达方式，对有新闻价值的人或事进行详细、生动报道的一种文体。通讯属于广义的新闻，它与狭义新闻（即消息）的区别如下。

（1）外表形式：消息的开头常注明“本报讯”或电头之类，通讯则无。

（2）表现对象：消息侧重记事，通讯侧重写人。

（3）表现方法：消息要求概括性强，要求一事一报、简洁明快、以事动人，因此主要以叙述为主；通讯则要求具体性、形象性强，它取材范围广，体裁容量大，要求完整地报道人和事，要展开情节，描绘典型的场面，因此，表现方法灵活多样、变化多端，叙述、描写、抒情、议论、说明要综合运用。

（4）结构形式：消息的结构相对固定，基本形式为倒金字塔结构；通讯则灵活多变、自由奔放，根据对象和表达的需要而采取多种结构。

（5）在人称上，消息多用第三人称，通讯可用第三人称，也可用第一人称。在篇幅上，消息通常一事一稿，篇幅较短；通讯在一个主题下，要从多方面去表现，篇幅一般较长。

（6）在时效上，消息要争分夺秒，时效性强。相对来说，通讯则不像消息那样严格，同一题材的消息、通讯，往往先发消息，后发通讯。

2. 通讯的特点

（1）真实性。通讯是一种广义的新闻，它也以真实性为生命，即应当准确地反映事实。通讯可以采用叙述的方式对人物、事件、场景进行概括、介绍，也可以采用描写、抒情、议论等手法，对人对事进行形象描绘，展开想象和联想，但这些又是严格以事实为基础的。

（2）形象性。通讯不仅要用事实说话，还要用形象说话。通讯是一种对形象性要求很高的文体。通讯要有活灵活现的人物活动，有生动的环境、场景描写，在叙述事件时，要有情节、有波澜，讲究故事性、趣味性。

（3）评论性。通讯的显著特点是作者可以根据需要就事实发议论、作评价，在夹叙夹议中表明作者倾向、态度，但评论不能像议论文那样，使用逻辑推理的方式，也不能长篇大论，而是将议论和叙述、描写、抒情紧密结合，紧扣人物、事物的特点，寓情于理。

3. 通讯的种类

通讯一般可分为 4 大类，即人物通讯、事件通讯、工作通讯和概貌通讯。

（1）人物通讯就是以报道新闻人物事迹和形象为主的通讯。通过报道人物的思想言行和事迹，揭示他们的精神境界，达到教育群众的目的。

人物通讯可以写人物的一生，也可以写人物的生活片断。

（2）事件通讯是以记事为主，报道现实生活中带有倾向性和典型性的事件发生、发展过程的通讯。事件通讯可以完整地、深入地报道一件新闻事件的发生、发展和结果，也可以突出描写其中的某一个片断或侧面。

（3）工作通讯是报道先进工作经验、某项工作成就的通讯。通过对工作的典型剖析，概括出具有规律性的东西。

（4）概貌通讯也叫风貌通讯，主要是报道某一地区或单位的自然风貌、风土人情、发展变化、生活状况或进行某一活动的基本面貌。

上述分类只是从通讯内容来划分的，而很多通讯在写法上常常是互相交融的。

二、解说词

1. 解说词的概念

解说词是一种配合实物或图片、录像、录音、幻灯片等形象来说明、解释人物或事物的一种应用性的文体。产品展销、书画展览、文物陈列、人物事迹介绍、导游解说、影视剧解说都会用到解说词。

2. 解说词的特点

（1）针对性强。解说词是一种实物与文字有机组合的宣传形式。它都是对某个实物或画面等具体对象进行解释和说明的。解说词与一般文章不同，不能脱离实物而单独存在，所以解说词的内容必须以具体对象而定，解说要服从对象内容的需要。

（2）生动形象。解说词是对视觉和听觉的补充，在形式上要生动形象，要有很强的感染力。

（3）口语化。解说词用在现场作直观介绍，因此语言上要通俗易懂，多口语色彩。

3. 解说词的种类

解说词按照使用的范围可以分为 3 类。

（1）产品展销或实物图片展览的解说词。这类解说词以说明为主要表达方式，客观性较强，目的是让观众对眼前的实物了解得更加全面、深入。

（2）历史文物、旅游景点的解说词。这类解说词综合运用叙述、议论、描写等表达方式，娓娓道来，具有丰富的知识性和深厚的文化内涵。

（3）影视剧、幻灯片的解说词。这类解说词采用叙述和抒情相结合的表达方式，注重形象性，具有较强文艺色彩和艺术感染力。

写 • 作 • 指 • 南

一、通讯

1. 通讯的写作格式

（1）标题。通讯的标题讲求简练、准确、生动。标题写作时，要善于挖掘细节，力求做到巧妙、新颖。和消息标题有所区别的是它更接近一般文章的标题，以单行或双行标题为主，三行标题一般比较少用。

（2）正文。一般由开头、主体和结尾 3 部分构成。

①开头。通讯的开头与消息不同，不一定要概括整个新闻的事实或揭示新闻的主题，但它要求在紧扣主题的前提下新鲜生动。比较成功的通讯开头方式有以下几种。

• 以重要情节开头：重要情节能使读者读起来津津有味，舍不得丢下，急于继续读下去。

• 以鲜明对比开头：对比鲜明也能引起人的阅读兴趣。

• 以精辟的议论开头：精辟的议论有强烈的感染力，读来能使人精神振奋。

以恰当的引语开头：可以用古今诗词、格言、人物语言等开头，这样能增加文采，使文章显得生动、有趣。

②主体。通讯的主体都应用典型的事例、丰富的材料、生动的描述，对主题进行深化、提炼。通讯的主体结构方式常见的有纵式、横式和纵横式 3 种。纵式是按时间顺序、事物发展顺序或作者对所报道内容认识发展顺序来安排层次。横式是按照空间变换或事物的性质来安排材料的结构方式。纵横式是将时空结合起来，以时间为经线，以空间为纬线的结构方式。

③结尾。通讯的结尾千姿百态。好的结尾可以起到深化主题、激发感情、引人深省的作用。好的通讯结尾，大体有以下几种。

- 画龙点睛：行文将结束时用几句画龙点睛的议论，或发人深省，或引起读者共鸣。
- 用事实说话：结尾充分用事实说话，把思考留给读者。
- 前后呼应：开头与结尾呼应，使文章有始有终。
- 自然首尾：写完就停笔，不另加一个尾巴，以免拖泥带水。

2. 通讯的写作要求

（1）深入采访，掌握材料。采访是写好通讯的前提。通讯注重内容含量，篇幅都较长。只有通过深入采访，才能掌握大量具体的一手材料，保障通讯有充实的内容。在搜集材料时要注意捕捉细节，细节处往往最动人。

（2）选好角度，精选材料，提炼主题。掌握大量材料后需要对材料去粗取精，根据写作意图提炼出一个集中、深刻的主题。这里最关键的是如何选择一个好的角度去表现主题。选择的角度要巧妙，往往要抓住人们并不注意但却蕴涵着无限新闻价值的细节来表现。

（3）综合多种表现手法，写出文采。通讯讲求生动形象，所以在写作中除了叙述外，要综合运用描写、抒情和议论等多种表达方式，写出文采，从而增强通讯的感染力。

二、解说词

1. 解说词的写作格式

解说词的格式比较灵活，篇幅可长可短，少则几十字，如产品解说；多则洋洋万言，如影视剧解说。概括来说，完整的解说词由标题、前言、主体和结语 4 部分组成。

（1）标题。要根据解说词的内容来确定标题。例如，《好山好水出奇石》（某奇石艺术展解说词标题）、《从平民到丞相》（介绍诸葛亮的电视纪录片解说词标题）、《古龙山旅游景点解说词》。在实际口头解说中，标题可以省略。

（2）前言。解说词的前言主要是对所展示的实物和所介绍的人物的意义、价值及背景的概括。有的解说词通常在前言要表示欢迎的内容，如“欢迎您光临××会展中心，对××公司产品参观指导”。

（3）主体。解说词的主体主要是对实物、图片、人物、事件做具体解说。要把最能体现客观事物本质特征的内容介绍出来，选择观众需要了解的内容加以解释、说明，运用多种表达手法，将知识性与趣味性相结合。例如，人物介绍可以按时间顺序分成若干部分介绍人物各个阶段的事迹，或者按空间顺序介绍人物各个方面的事迹。导游解说词可以对游览地的景点进行具体生动的解说。

（4）结语。解说词的结语可以总结对解说事物的总的感受，也可以归纳主题。例如，某导游解说词这样结尾：“整个游程历经数里绝壁、十里喷泉、百里画卷、千里洞天。原始的生态风景长廊，让人仿佛置于世外桃源。这就是神秘而令人神往的——古龙山峡谷群风景区。”

2. 解说词的写作要求

（1）有的放矢。解说词必须与解说对象紧密结合，对象变换，解说词也要随之变换。

（2）语言要亲切自然，朗朗上口，解说词还要尊重观众的风俗习惯和语言习惯，解说要符合自己的身份。

【知识拓展】

【示例一】通讯

20年：大凉山上的铿锵承诺

山又高来路又险，翻了一坡又一坡。

哪个喜欢天天走？因为人民需要我。

今年老王四十岁，牵着马儿翻山坡。

为人民服务不算苦，再苦再累都快活！

——摘自王顺友自编苗族山歌

20年，每年至少330天，在苍凉孤寂的深山峡谷里踯躅独行；

20年，步行26万公里，足可重走长征21回，环绕地球六圈半；

20年，没延误一个班期，没丢失一封邮件，投递准确率100%；

一个人，一匹马，一条路；雪域高原，万水千山，铿锵承诺。

奇迹创造者——一个普普通通马班邮路乡邮员，名字叫做王顺友。

忠诚如铁

“我们有位好母亲，名字叫做共产党。从小抚育我长大，教我长大爱国家。”

木里，偏亘四川凉山州西北角，中国仅有的两个藏族自治县之一。传说中，女神巴登娜姆诞生于此。境内高山林立，峡谷纵横，三江并流，蔚为壮观。

地势险，平地少。多少年来，当地人通信方式多为口传、人递、烽火。即至解放，公路不通，邮件传递也只能靠乡邮员步行背送。

直到1960年，境况才有所改变，乡邮员开始配马——马班邮路由此而生。

王顺友打小就对送邮件这差事充满好奇，不为别的，因为父亲就是一名乡邮员。

“雪山上的雪，灼伤了我的眼！”冬夜，父亲牵着马尾巴撞开家门，瘫倒在地。母亲赶紧找来草药，为他熏疗。

清晨，父亲看到了光亮，把邮包往马背上一捆，勒紧，倔强地又要走。

“能不能不去？”母亲抱着他的腿哭。

“你懂什么？县委的文件不按时送到，全乡的工作就要受影响。”父亲扭头就走。幼小的心灵深深震撼：乡邮员居然如此重要！那一年，王顺友刚刚8岁。

12年后，疲惫的老乡邮员终于结束了30年的邮路生涯，风华正茂的王顺友子承父业。漫漫邮路，从此多了一个年轻人。

“一不能贪，二不能丢，三不能脏，四不能慢。”父亲将自己心爱的邮包，郑重塞进这个稚嫩的新兵怀里。

王顺友认真地点点头，目光炯炯。谁能料想，这一上路，就是20年。

一条马班邮路，王顺友走得惊心动魄、险象环生。

九十九道拐——拐连拐，弯连弯，附近山民谈之色变。抬头，悬崖峭壁；低头，波涛汹涌。天似簸箕，路如天梯，人随马后，马粪便直接掉在身上，想躲都躲不掉。有的地方须手脚并用方能通行，稍有不慎，就会摔下山崖，江水呼啸而过，连尸体都找不到。

王顺友每次经过，都异常小心，但仍难逃厄运。

1995年的一天，一只山鸡猝然飞出，惊得骡子后腿乱踢，王顺友“嗷”的一声，扑通倒地——他的肠子被踢破了。顿时，豆汗淋漓，脸色惨白，动弹不得。

“邮件！邮件！”王顺友强忍剧痛，牵马上路。

一路走，一路哭，一路吼。

捧着肚子，连走9天，王顺友终于送完邮件。当被老乡架到医院时，人已气若悬丝，奄奄一息。打开腹腔，满是脓血……医生说，再晚来两小时，命就保不住了。

立即手术。惊魂4小时，王顺友挺了过来，但肠子却不得不剪去一截，落下终身残疾。

躺在病床，辗转反侧：这身体，还能再跑邮路吗？

然而，这一丝犹豫也被父亲察觉：“为党做事要一辈子，当不得逃兵！”这位扛过枪、剿过匪的老人，不光把马缰绳传给儿子，也把对党的如铁忠诚传给了儿子。不久，王顺友抖擞精神，重返邮路。

传邮万里，国脉所系，政权象征，主权象征。

传递党的声音，输送山外信息。悠长的邮路上，王顺友被奉为“使者”。在偏远山村的乡民眼中，乡邮员就是党派去看他们的人。报纸、文件、杂志，成了当地了解党的声音和外界变化的主要甚至唯一渠道。

王顺友说，从乡民们眼里，他看到了什么是党，什么是党员，什么是党的事业……

责任如山

太阳出来照山坡，照得山上石头多。要学石头千年在，不学半路丢草鞋。

县城—白碉乡—三桷垭乡—保波乡，来回360公里。

木里的马班邮路中，数王顺友这条最长。沿途，除了偶尔能碰见马帮，几乎无人。

王顺友的必经之地——海拔4200米的察尔瓦梁子，彝语中意为“披肩”，形容山很直、很陡，当地人称“鬼门关”。王顺友一走就是20年，由此得一绰号：王胆大。

然而，让“王胆大”心有余悸的，除了大自然的无常，还有人的侵袭。

2000年7月，王顺友翻越察尔瓦梁子。忽地，树林中窜出两个劫匪。

"把身上的钱和东西统统交出来!"劫匪手持尖刀，恶狠狠地叫嚣。

"我是乡邮员，驮的是邮包。要钱没有，要命一条!"王顺友拔出防身用的柴刀，一副拼命的架势。

一番话、一股气，倒让劫匪发愣了。趁此机会，王顺友跨上骡马，箭一般冲了过去。这次历险，让"王胆大"名声更噪。

"亏得冲过去了，不然邮件怕是保不住。"至今，王顺友仍对邮包安然无恙颇为得意。

1988年7月，湍急的雅砻江边。王顺友习惯性地套牢溜索，准备过江。然而，快到对岸时，溜索绳突然绷断，王顺友"啊"的一声，从两米多高的空中跌落下来。所幸，人只摔在江岸上，可邮件却从背上弹入水中，顺江而去。

顾不上庆幸死里逃生，顾不上不习水性，王顺友操起一根树枝，纵身扎进江中。水流湍急，又受刺激，把邮包拖上岸时，整个人都瘫了。

不等缓过劲来，王顺友又挣扎着起身，奔向保波乡……

有人问：这么做，值当不值当?"只要乡里能及时跟外面保持联系，值当!"王顺友淡淡地说，这是责任。

责任如山，巍巍屹立；责任如火，熊熊燃烧。

亲民如水

"山靠山来水连水，不是送邮人不熟。时间长了心连心，鱼水相连永不分。"

望到屋，走到哭。木里的山路，多半如此。

本可抄近道，把邮件送至乡政府签单了结，但王顺友偏舍近求远，绕行山间，图的就是"邮件交到乡民手"。

甚至，当县城到白碉乡的公路贯通后，王顺友依然"我行我素"，照旧牵着他的骡马翻雪山，趟河谷，去走那条要多花两天时间的马班邮路。

"有车不坐，傻不傻呀?"

"雪山上的乡亲眼巴巴地等着我，这点路算不得什么!"

"把邮件放到乡上就行了，何必这么苦自己?"

"乡上领导忙，没空专门送。让老乡跑那么远取，不好意思。我多走几步，两头都方便。"

但凡王顺友认定的事、认准的理，九头骡子也拉不回来。

他不仅送邮件，还帮老乡寄信、寄包裹，从不跟人要钱；帮忙买东西，给多少是多少。多年下来，连他自己也记不得，到底为邮路上的乡民们垫了多少钱。

不光替人省钱，还要为人"生"钱，王顺友爱干分外活：

——白碉乡的水稻亩产原来只有250多公斤，他自掏腰包，从城里带回了良种，一撒下去，立竿见影，亩产竟涨到350多公斤，乡民们个个笑开了花。

——保波乡的磨子沟只能种土豆、包谷、荞子，他给村民买来青菜、莲花白、萝卜等菜种后，现在冬天这里都能吃上新鲜蔬菜。

在王顺友眼里，乡民们的事都是大事。

去年秋，"健康快车"专程到木里，为群众免费做白内障复明手术。时间紧迫，如何通知，犯了难！

“要快！”县邮政局局长杨平亲自把通知单交给王顺友。可他哪里知道，王顺友的胃病正闹得凶。

“行！”王顺友二话没说，揣上胃药，牵马上路。干馒头就着山泉就一天，马缠皮地上一扔便一夜。一路上，王顺友没吃好一顿饭、没睡好一个觉。终于，他比平常提前三天到达倮波，而代价是，人已痛得不成人样，被抬进了乡卫生院。

当晚，免费做手术的通知迅速传遍全乡，而王顺友为送通知住院的消息也随之传开。

次日一早，好多乡民跑到卫生院来看他。双目失明的藏族老阿爸，揣上家里仅有的几个鸡蛋，颤巍巍地摸到病床前，眼里噙满泪水：“王顺友，好人！好人！”

将心比心，以心换心。王顺友人如其名，朋友遍邮路。

“老乡们特关心我，每隔七八天望见我一次，他们就放心，晓得我在邮路上还安全。”王顺友说，如果十几天没见着他，乡民们就要四处打听他的消息。

生活如歌

“山歌不唱不开怀，钢刀不磨生黄锈。大路不走草成窝，胸膛不挺背要驼。”

艰苦之旅，危险之旅，孤独之旅。

每个月28天的山野漂泊，并未让奔走于马班邮路上的王顺友消沉颓废。在他看来，这就是生活的常态。

2005年1月6日，雅砻江边。又一次惊心动魄，又一次生死考验。

正要上吊桥，王顺友眼瞅着十几米远处，一队马帮已在桥上，心中暗喜：总算可以说说话了。

可没等他张口招呼，吊桥一侧手臂粗的钢缆骤然断裂，桥身瞬间翻转90度，桥上人马纷纷坠江，转眼就被咆哮的江水吞噬。

目瞪口呆！这突然的变故惊得他半天说不出话来。望着奔腾的江水、半悬的残桥，王顺友兀自泪流。

事后，有人问他：“假如你也在桥上，怕不怕？”

“人总归一死，死也要死个明白。要是死在送邮件的路上，不冤！”

然而，王顺友最常面对的“敌人”非死亡，而是孤独。

“有时，在大山里走好几天都碰不着一个人，不说一句话。猛地下意识从嘴里蹦出一句来，能把自己吓一跳。”

白天，实在找不到人说话，王顺友就干脆跟他唯一的伙伴——骡马说话。“加油啊！老伙计，咱们还有很长的路要走呢！”

夜晚，天空群星闪烁，大雪纷纷扬扬。篝火旁，啜一口粗劣的白酒，王顺友泪光点点。

四周静得可怕，陪伴他的，只有远处的风声、水声和狼的嚎叫声……

他想起了父亲——老人当年跑邮路，最重时一个邮包60公斤，步行送邮，无怨无悔；

他想起了妻儿——每次出邮前，他们都精心地为自己准备干粮，拾掇行囊，嘱咐再三；

他想起了乡民——当自己把报纸和信件交给他们时，他们那股高兴劲儿就像过年一样；

一声"谢谢"，一张笑脸，一种友善，都让他心里特别舒服。

想想这些，心也就不那么难过了。

编山歌、唱山歌，则是他另一个排遣孤寂的绝招。

苗族，能歌善舞。这位苗家汉子很多话说不出来，却唱得出来："高山下雪雪满坡，我的衣裳穿得薄。哪位伙伴心肠好，借件给我穿过河。"

高兴的时候，他唱山歌；疲劳的时候，他也唱山歌；难过的时候，他还唱山歌……

生活是艰辛的，工作是劳累的，但抱有希望的人永远豁达乐观。

情深如海

"我家住在银盘坡，心里有话好想说。天天出门为人民，家里只有妻一个。"

在山上，王顺友动中有乐；在家里，妻子韩撒静中有苦。

出门门里没人，进门门外没人。韩撒的记忆里，王顺友在家的日子屈指可数。

儿子在外上学，女儿出门打工，一个人住在山上，陪伴她的只有孤独和害怕。她说，她是一个"孤单单的女人"。

家庭的重担，责无旁贷地落到了她的肩上。

长期患病，皮肤粗糙，满脸皱纹。多年的操劳已经让她品足了生活的艰辛——这个46岁的妇人，看上去要比实际年龄大很多。

她怨过、恨过、哭过，但一说起丈夫的工作和辛劳，依旧一脸心疼：

"我晓得他一个人在外也是苦，翻那么高的山，晚上还要睡野地，又是雪又是雨，还有狼！"

"他回来累得话都懒得讲，还没歇一会儿，又要上县里拿下一班邮件，你看他的背现在就驼了。"

……"家对我来说，有时候就像个旅馆。"一谈起家，王顺友黯然神伤。

王顺友有三个家：一个是白碉乡的父亲家，一个是银盘坡的妻儿家，还有一个就是邮路上无处不在流动的"家"。

"在山上，最不放心的还是银盘坡的那个家。"每次跑邮路回来，王顺友都不忘给妻儿带点好吃的东西、好看的衣服。偶尔碰上老乡硬塞的土特产，也一定会带回家，与他们分享。"算是小小的补偿吧！虽然解决不了根本问题。"

对儿子王银海，王顺友充满希冀。

即便再忙，每次到县城取邮件时，王顺友都不忘去求学的儿子那里转转。

"看到'√'多，就特别高兴。"银海说，爸爸最喜欢翻看他的作业本。

相视，无语——多年来，由于接触时间太少，父子间早已习惯了这种交流方式。

没能给母亲送终，王顺友至今耿耿于怀，已成为刻在他记忆中永久的遗憾。所以，每次路经白碉，他都不忘给71岁的老父亲捎两斤白酒。

"我这辈子，欠别人的太多。还是再干几年，等我退休了，好好还他们。"王顺友总这么说。

40多岁，正是一个人事业发展的巅峰，但这却已接近乡邮员职业生命的极限。马班邮路上，这个年龄已经老了。

“哪怕他什么都不干，只要能天天在家，陪我说说话，就很满足了。”韩撒叹了口气——她现在什么都不想，就盼着王顺友退休的那一天。

（引自盛若蔚：《人民日报》，2005年6月3日）

评析： 这是篇人物通讯。用山歌开头，新颖且引人入胜，作者运用排比句概括了主人公的典型事迹。截取5个不同的侧面塑造了一位豁达、乐观、认真、忠诚的平凡邮递员非凡的人格魅力和丰富的内心世界。融记叙、描述、抒情、议论于一炉，感染力强，感人至深，极富文学性。

【示例二】解说词

红嘴相思鸟

体形似雀，大体橄榄绿色，两翅飞羽的边缘镶有金色线条，并有2块红色斑点，颏喉均灰黄色。公鸟的胸部呈炫耀的橙色，在眼的四周有白色眉纹，嘴红色，故又名红嘴鸟。全身羽色鲜丽多彩，鸣声清脆柔美，行动敏捷，常雌雄成对活动。饲养简单，喂以蛋米及一些昆虫就可以了。这种鸟，我国每年大量出口，有些国家作为珍贵的结婚礼物，以象征永远相好白首偕老的意思。

评析： 这则解说词语言简练，通俗易懂。不仅概括地介绍了红嘴鸟的形状、颜色、生活习性等，而且也写明了红嘴鸟出口的缘由。

【学以致用】

1. 新闻应具备的要素是什么？
2. 广播稿的特点和写作要求分别有哪些？
3. 你如何理解演讲稿的特点？
4. 演讲稿写作在语言上应注意些什么？
5. 通讯和新闻有哪些异同？
6. 解说词分为哪几类，各有什么特点？
7. 阅读以下一则新闻，然后回答问题。

苏格兰首席植物学家称
应肯定中国的环保努力

环保人士常说，随着工业化加速，中国会对世界环保构成威胁。然而，苏格兰的首席植物学家、英国爱丁堡皇家植物园主任斯蒂芬·布莱克默教授却不这样认为。他最近对中国进行了为期3周的官方科学考察。他说，中国投入巨资发展环境科学，不久的将来，中国将在植物园创新和促进生物多样性工程方面处于世界领先水平。

他说：“中国已把环保作为一个重要任务来抓。他们研究学习世界上最好的环保案例，而且研究方法也很科学。"

布莱克默教授和来自爱丁堡、英国邱园皇家植物园和自然历史博物馆的植物学家们组成一个官方代表团对中国进行了考察。在他的指导下，中国已在云南省建立了一个旨在促进该地区生物多样性的野外基地，这也是英国首次与中国联合设立的科学实验室。

中国的植物种类有3万多种，几乎占全世界植物种类的1/8。这些植物种类在维持生态系统平衡方面起到了不可或缺的作用。布莱克默说，中国已制定了一个保护高山植物的生物多样性行动计划。中国有9个植物研究所，同时，中国政府还实施了"百名人才工程"，吸引年轻的、在西方受过教育的科学家。布莱克默教授说："他们为科学家提供住房、汽车和领导岗位等优厚待遇，就是为了让科学家们做出一番事业。"

布莱克默教授对中国环保非常乐观。他意识到中国经济发展所造成的环境问题，但他认为这是一个环境科学创新速度能否超过经济发展所带来的压力的问题。他说："我敢肯定地说，中国已意识到了挑战，正在全力寻找解决问题的办法。西方人知道这一点非常重要。"

（引自《环球时报》，2005年12月5日）

（1）一般来说，新闻可分为动态新闻、综合新闻、经验新闻、述评新闻、人物新闻等，本篇新闻属于____________。

（2）本文导语概括的主要事实是____________。

（3）这篇新闻主体的结构形式是__________结构。

8. 自选素材试写一篇500字左右的广播稿。

9. 撰写一篇不少于800字的演讲稿，题目自拟。

10. 阅读下面一则通讯，根据要求回答问题。

一旅客精神失常欲跳列车
乘务员拼命拉住使其获救

3月20日，一封赞扬××客运段K165次列车乘务人员在旅客遇到不幸时挺身相助的感谢信，转到了××客运段党委办公室。

原来，××市某校杨某和家人于3月10日晚10时18分乘坐××开往××的K165次列车到阳平关，当车行使至蔡家坡时，杨某的哥哥突然精神失常丧失意识，误以为有人要追杀自己，精神恍惚地叫喊着在车内狂奔，随后跑到隔壁餐车打开车窗欲跳车。这突如其来的事情吓得杨某一家没了主意："这该怎么办呀？快来救人呀！"在这千钧一发之时，8号车厢列车员×××、×××和餐车工作人员及时发现了这一情况，他们猛扑过去，紧紧抓住杨某哥哥的胳膊、大腿，将其悬挂在车外的半个身子拖至车厢内。列车长×××、×××赶过来后，立即派人与杨某家一起对其进行看护，并端来茶水。经过耐心劝说后，杨某哥哥的神志有所恢复。为了确保病人的生命安全，×××车长和病人家人商量后，决定编制客运记录，将病人送往宝鸡接受治疗。当列车到达宝鸡站时，两位车长和列车员们搀扶着杨某哥哥下了车，并亲自交到车站值班员手中，车站工作人员立即将其带到了××市二康医院进行治疗。据悉，杨某的哥哥经过及时治疗已完全康复。

（1）这篇通讯属于哪类通讯？其主题是什么？

（2）根据通讯内容，将它改写为消息。

开篇寄语

家有家规，国有国法。日常生活中，人与人、人与社会之间不可避免地会产生摩擦，而不同性质的事件在法律上会有不同的解决程式及途径。本篇将使我们了解相关法律文书的基本知识及书写格式，从而更好地保障自身的合法权益。

法律篇

——规矩成就方圆

第一课 法律应用文概述

【应知导航】

（1）了解法律应用文的概念及作用。
（2）了解法律应用文的种类。

【知识探究】

一、法律应用文的概念和作用

法律应用文是国家专门的执法机关，按照法定程序，在办理刑事、民事、行政案件和处理其他各项法律事务中所制作的、具有法律效力的一类应用文。它包括被国家执法机关所确认的具有法律意义的各种文书，具有严谨性、格式性和法律性的特点。

二、法律应用文的种类

法律应用文可分为诉讼文书、准诉讼法律文书和非诉讼法律文书 3 大类。

（1）诉讼文书，即通常说的诉状。它是指在诉讼过程中用于起诉和应诉的一类法律应用文。它与诉讼行为相伴而生，在诉讼活动中具有重要作用。

（2）准诉讼法律文书。它是与诉讼相关但并不直接针对诉讼中当事人实体权利和义务的法律文书，如撤诉申请书、执行申请书等。

（3）非诉讼法律文书。它是适用于诉讼以外其他法律事务的法律文书。

第二课 起诉状

【应知导航】

（1）了解起诉状的概念、作用及种类。
（2）掌握起诉状的写法。

【知识探究】

一、起诉状的概念、作用

1. 概念

起诉状又称诉状，是刑事案件或民事案件的原告人或其法定代理人，为控告被告人侵犯其合法权益，依法向人民法院提出起诉，并请求依法裁决时所写的一种诉讼文书。

2. 起诉状的作用

（1）起诉状是诉讼程序开始的前提。

（2）起诉状是人民法院立案和裁决的重要基础，人民法院的调查、取证、研究工作是以起诉书提出的事实为基础展开的。

（3）起诉状是被告人应诉答辩的根据。

二、起诉状的种类

起诉状根据诉讼主体和案件性质的不同，可分为民事诉状、行政诉状、刑事诉状以及刑事附带民事诉讼的诉状。

1. 民事诉状

民事诉状是民事案件的原告或其诉讼代理人，为维护原告的民事权益，就有关民事权利和义务的争执或其他民事纠纷，向有权受理本案的第一审人民法院起诉，要求依法审理而撰写的文书。

2. 行政诉状

行政诉状是指公民、法人或其他组织认为行政机关的具体行政行为侵犯了其合法权益，请求人民法院依法公正裁决，而向人民法院提出行政诉讼的文书。

3. 刑事诉状

刑事诉状又分为刑事自诉状和刑事公诉状两种。刑事自诉状是指刑事案件自诉人，根据事实和法律，直接向人民法院提出的控告被告人侵犯自身权益，要求追究其刑事责任的诉状。刑事公诉状是公诉人（检察机关）代表国家为指控犯罪，追究被告刑事责任，而向人民法院提起公诉的文书。

4. 刑事附带民事诉状

刑事附带民事诉状是刑事案件中的被害人提起民事诉讼的文书。

写·作·指·南

一、起诉状的格式

各类诉状的基本写法和格式大致相同，只是对于事实和理由的叙述及具体的请求不同。以下从总的方面讲述起诉状的基本写法，不再分类阐述。

起诉状由首部，诉讼请求，事实和理由，证据和证据来源、证人姓名和住址，尾部5部分组成。

1. 首部

首部包括标题和当事人基本情况两部分。

(1) 标题。标题即起诉状的名称，要根据诉状的类别确定标题，如“民事起诉状”、“刑事起诉状”、“刑事附带民事起诉状” 等。标题写于文头正中。在标题中不写起诉主体名称和起诉事由。

(2) 当事人基本情况。当事人包括原告人（刑事自诉状自诉人）和被告人两部分。要按照先原告、后被告的顺序依次写明当事人姓名、性别、出生年月日（出生年月日确实不知的，可写其年龄）、民族、籍贯、职业或工作单位和职务、住址等。当事人是多人的，要依次写明，有几个写几个。原告如有代理人，要在原告姓名下一行写明。如被告是法人或其他组织，应写明其单位名称、所在地址、法定代表人或者主要负责人的姓名、职务和电话。如法人或其他组织提起诉讼，应写明原告名称、所在地址，法人代表姓名、职务、电话，企业性质，工商登记核准号，经营方式和范围，开户银行、账号等内容。

看一看

对照一下，诉状标题的写法与公文标题的写法有何不同。

2. 诉讼请求

这是起诉状的重要组成部分，要求写明原告诉讼的目的和要求，如请求法院裁定被告人赔偿损失、给付赡养费、履行合同等。

3. 事实和理由

这是起诉状的主体，也是提出诉讼请求的重要依据。一般先写事实，后写理由，所用的论证方法就是摆事实、讲道理。

(1) 事实。应用文写作基本要求，每一项都要具体写清，而且要分条列出。摆事实，就是要写明被告人侵权行为的具体事实，原告与被告之间发生权益之争的具体内容，以及被告一方应承担的责任。所谓具体事实、具体内容，就是发生权益争执的时间、地点、起因、情节、事实经过。在叙述事实时还要注意列举各种证据，证明事实属实。

(2) 理由。理由就是讲道理，就是要分析事实，判断证据，认定被告人侵权行为或与之争议的合法权益的性质，所造成的后果以及应承担的责任。引用适当的法律条文，阐述起诉的理由和根据，用以说明原告人提出诉讼是有根有据、合情、合理、合法的。

理由阐述完后，可用一两句话作为结语，如“为此，特向你院提起诉讼，请依法判决”，或扼要概括全文，重申自己的诉讼请求。

4. 证据和证据来源、证人姓名和住址

过去有的起诉状把这部分内容放在事实与理由部分中，而最高人民法院办公厅制定的具有权威性的起诉书样式将此项内容从事实与理由中分离出来，单列一项。

这部分要求在写清事实后，详尽地提供能说明事实真相的证人、证言、物证、书证等有关实证材料，特别要写清楚证据的来源、证人的姓名和住址。

5. 尾部

尾部内容由3部分构成。

（1）送交的法院名称。文尾空两格写“此致”，然后回行顶格写“××××法院”。

（2）附项。在送交法院名称之后，另起一行空两格写：

附：本起诉状副本×份；

物证×件；

书证×件。

起诉状副本份数应与被告人数相符。

> **想一想**
>
> 为什么起诉状副本份数应与被告人数相符？

（3）具状人签名盖章及日期。签名盖章与日期分两行列于附项右下部，签名盖章在上，日期在下。

二、起诉状的写作要求

1. 实事求是

人民法院审理案件是以事实为依据的，为此，撰写起诉状必须实事求是。在陈述纠纷事实时，要全面、客观、实事求是，不能为求胜诉而歪曲事实。

2. 援引法律准确、适当

案件的诉讼与裁定都是以法律为准绳的，所以，起诉状的写作和诉讼请求，必须依据法律的有关规定，而不能偏离或背离法律规定，提出不适当的诉求。

3. 诉讼请求明确具体

诉讼请求是原告人请求法院解决纠纷所要达到的目的，所以必须明确、具体。如有多项应用文写作基础请求，每一项都要具体写清，而且要分条列出。起诉状语言应准确，简洁，表达清楚，层次分明，逻辑性强，无关情节问题不要写。

4. 重点突出，抓住要害

起诉状写作主次要分明，重点要突出，要把最能反映对方侵权违法行为的实质和所造成的后果突出出来，强调对方应负的法律责任。

起诉状的说理应做到观点鲜明，证据确凿，分析中肯，一语破的。

起诉状的格式如下所示。

民事起诉状

原告
被告
诉讼请求

续表

事实与理由
证据和证据来源，证人姓名和住址
此致
×××人民法院
附：本诉状副本×份
起诉人：
年 月 日

注：(1) 诉状供公民提起民事诉讼用，用钢笔或毛笔书写。

(2)“原告”、“被告”栏均应写明姓名、性别、出生年月日（出生年月日确实不知的，可写其年龄）、民族、籍贯、职业或工作单位和职务、住址等。被告是法人或其他组织的，应写明其名称和所在地址。

(3) 事实与理由部分的空格不够用时，可增加中页。

(4) 诉状副本份数应按被告的人数提交。

刑事自诉状

自诉人：(姓名、性别、出生年月日、民族、籍贯、职业或工作单位和职务、住址等)

被告人：(姓名、性别等情况，出生年月日不详者可写其年龄)

案由与诉讼请求________________________________

(被告人被控告的罪名和具体的诉讼请求)

事实与理由：________________________________

(被告人犯罪的时间、地点、侵害的客体、动机、目的、情节、手段及造成的后果。有附带民事诉讼内容的，在写明被告人的犯罪事实之后写清。理由应阐明被告人构成的罪名和法律依据)

证据和证据来源，证人姓名和住址：________________________

(主要证据及其来源，证人姓名和住址。如证据、证人在事实部分已经写明，此处只需点明证据名称、证人详细住址)

此致

__________人民法院

自诉人：__________（盖章）

代书人：__________（盖章）

__________年__________月__________日

附：本诉状副本__________份。

刑事附带民事自诉状

原告人：姓名________；性别________；出生年月日________；职业________；民族________；籍贯或工作单位________；住址________；电话________。

被告人：姓名________；性别________；出生年月日________；职业________；民族________；籍贯或工作单位________；住址________；电话________。

案由：（罪名、赔偿）____

诉讼请求：

1. 依法追究被告人××的刑事责任；
2. 请求被告人赔偿损失费××元。

事实和理由：____

（写明整个案件的起因、经过、造成的后果等，并根据法律和法规，列出追究被告人的刑事责任和要求赔偿的依据）

此致

________人民法院

刑事附带民事诉讼原告人：________（盖章）

________年________月________日

附：本诉状副本________份。

相关证据情况。

【知识拓展】

【示例一】民事起诉状

民事起诉状

原告：××，男，1964 年 10 月出生，汉族，××矿业集团××煤矿职工，住××矿业集团××煤矿北二宿舍。

被告：××矿业集团陶庄煤矿。

法定代表人：××，矿长，住××市××住宅小区×楼×号，电话××××××。

诉讼请求

1. 被告安排原告适当工作；
2. 被告支付原告一次性伤残补助金 10 600 元；
3. 被告为原告补缴养老保险费、失业保险费、医疗保险费、工伤保险费；
4. 被告补发其克扣原告的工伤津贴及伤残待遇；
5. 被告承担本案诉讼费用。

事实与理由

1994 年 12 月原告与被告建立劳动关系，在被告煤矿井下从事采煤工作。原告与被告建立劳动关系期间曾经三次工伤。1996 年 5 月在井下采煤时致右腕骨骨折；1997 年 9 月在井下采煤工作时被煤矿石砸致右侧第 8 根肋骨骨折；1998 年 11 月在井下采煤工作时被煤矿石砸致右髋骨骨折。由于原告伤势严重无法从事工作，被告安排原告在家休养。2000年9月26日，被告为原告进行伤残鉴定，原告构成五级伤残。2003年5月，被告在××矿业集团××矿医院对原告的伤残做了复检，2003年10月31日通知原告复检结果为七级伤残。2003年11月5日原告领取工资时，被告称从2003年10月起不再支付原告工伤待遇。2003年11月17日，原告到××市劳动争议仲裁委员会申请仲裁。2004年2月25日，××市劳动争议仲裁委员会给原告送达了（2003）×劳裁字第97号裁决书。

综上所述，原告与被告劳动法律关系已经成立，原告在工作中造成人身损伤已经构成工伤。被告不能解除与原告的劳动合同，原告依法应当享受伤残待遇。为此，根据《中华人民共和国劳动法》之规定，特请求贵院对原告上述诉讼请求依法判处。

证据和证据来源、证人姓名和住址

××矿业集团××矿医院伤残鉴定复印件1份，系××矿业集团××矿医院提供。（2003）×劳裁字第97号裁决书复印件1份，系××市劳动争议仲裁委员会提供。

此致

××市××区人民法院

附：1. 本诉状副本1份；

2. 书证2份。

起诉人：××

××××年×月×日

评析：起诉状内容完整，格式规范。诉讼请求明确、清晰地叙述了事实与理由，援引法律条文，有理有据。

【示例二】刑事自诉状

刑事自诉状

自诉人：刘大，男，1937年4月13出生，汉族，××省××县××镇人，小学文化，××镇第一生产队农民，住该镇××村。

被告人：刘一，男，1960年9月20日出生，汉族，××省××县××镇人，中学文化，××镇第一生产队农民，住该镇××村。

被告人：刘二，男，1962年2月8日出生，汉族，××省××县××镇人，中学文化，××镇第一生产队农民，住该镇××村。

案由与诉讼请求

被告人刘一和被告人刘二犯虐待罪，请求人民法院依法惩处其犯罪行为。

事实与理由

自诉人与被告人刘一、刘二是父子关系，自2004年6月以来，自诉人因年老多病，不能参加劳动，需要子女抚养。但被告人刘一、刘二不但不尽赡养老人的法律义务，反而对自诉人特别嫌弃，经常打骂。2004年8月25日，被告人刘一由于与其妻子吵架而迁怒到自诉人身上，将自诉人一把推倒在地，当时自诉人的脑袋摔破了。2004年10月13日，由于自诉人阻止被告人刘二去赌博，而被刘二锁在家中长达17个小时，期间自诉人一直没吃饭。2004年年底自诉人因为身体和精神上受到两个不孝之子的折磨而得了哮喘病。2005年2月8日除夕夜，两被告人对自诉人不闻不问，自诉人自己到被告人刘一家中去送压岁钱给孙子，却被刘一骂成“老不死的”。后自诉人到被告人刘二家中去，被刘二骂成“哪里来的讨饭的”。

以上事实有医院诊断书，证人刘三、刘四、李×、郑×的证言证实。

被告人刘一、刘二不但不尽孝道，反而对自诉人打骂、禁闭、折磨、有病不给治，其情节极为严重，这对自诉人的精神和肉体造成了很大的伤害。这些行为已经明显触犯了《中华人民共和国刑法》第260条，构成虐待罪。依照《中华人民共和国刑事诉讼法》第18条第3款和第170条第1款、第3款之规定，特向贵院提起刑事自诉，请依法判处、追究两被告人的刑事责任。

证据和证据来源、证人姓名和住址

××县人民医院诊断书复印件1份，系××县人民医院提供。证人证言共4份，系刘三、刘四、李×、郑×书写。

证人：刘三，住××省××县××镇××村；刘四，住××省××县××镇××村；李×，住××省××县××镇××村；郑×，住××省××县××镇××村。

此致

××县人民法院

附：1. 本诉状副本2份；

2. 书证5份。

自诉人：刘大

××××年×月×日

评析：本文格式规范内容完备。首先，诉讼请求简单明了地表明了案由和起诉意图；其次，叙述事实紧扣犯罪构成要件，将二子的虐待老人行为的非法性描述出来；最后，援引部分法律条文，有理有据。

第三课 经济纠纷起诉状

应知导航

（1）了解经济纠纷起诉状的概念。

（2）掌握经济纠纷起诉状的写作格式。

知识探究

经济纠纷起诉状是原告当事人在经济纠纷（因财产关系而引起的纠纷）中，为维护原告法律规定的权利，依法向人民法院提出诉讼请求时，所使用的一种诉讼文书。我国经济纠纷案件主要有经济合同纠纷、经济损害赔偿纠纷、经济权属纠纷、交通运输经济纠纷等。

写·作·指·南

经济纠纷起诉状的内容、格式可以分为如下几个部分。

1. 首部

经济纠纷起诉状的首部包括以下两部分内容。

（1）标题。写明“经济纠纷起诉状”。

（2）原告、被告的身份事项。姓名、性别、年龄、民族、籍贯、职业（工作单位）和家庭住址。当事人是单位的要写明单位名称、单位地址及其法定代表人的姓名、性别、职务。

2. 正文

经济纠纷起诉状的正文包括以下几部分内容。

（1）案由与诉讼请求。

①案由：写明原告出具诉状的原委，一般使用固定格式，如“原告人××为被告人××违背经济合同一案，提起诉讼于下”。也有的省去不写，或用一个短语概括表示案件内容，如“案由：债务纠纷”。

②请求：写明对被告的要求，如解决什么问题，承担何种责任，赔偿多少损失等，如果涉及钱款，还应写明数额。

（2）事实与理由。写明纠纷事实和诉讼请求的理由，包括纠纷发生的时间、地点、过程、争执焦点、起诉的理由和法律依据。内容必须有事实、有证据，又符合法律规定。一般来说，侧重于正面立论，先摆事实叙述案件的全过程，在分析事实的基础上，引用有关法律和政策，认定性质，指出对方应负的责任，为诉讼请求提供可靠而充分的依据。

（3）证据和证据来源、证人姓名和住址。与民事起诉状写法基本相同。

3. 尾部和附项

文尾空两格写“此致”，然后回行顶格写明受诉人民法院名称。起诉人签名盖章与日期分两行列于右部，另起一行空两格写附项。

经济诉状基本格式如下表所示。

起诉状

原告人姓名、性别、年龄、民族、籍贯、职业、工作单位、住址

被告人姓名、性别、年龄、民族、籍贯、职业、工作单位、住址

案由与诉讼请求：____

事实与理由：____

____。

证据和证据来源、证人姓名和地址：__________________________________。

此致

××人民法院

起诉人：（签名盖章）

××××年×月×日

附件：1. 本状副本×份。

2. 物证×件。

3. 书证×件。

【知识拓展】

【示例】

经济纠纷起诉状

原告人：××县××建筑工程公司（集体企业）

法定代表人：××× 职务：×××

地址：××县××乡 电话：××××××

被告人：××市职工教育培训中心

地址：××市×××号 电话：××××××

案由与诉讼请求

原告人为被告人违反《建筑安装工程承包合同》，拖欠工程款一案，提起诉讼于下。

责令被告偿付工程款和赔偿原告经济损失：

（一）付清宿舍楼、教学楼拖欠款 21 793.08 元；

（二）结算零建工程款：174 551.87 元减去被告垫付的材料款 66 913.30 元，应付给原告工程款 107 638.57 元；

（三）赔偿原告的经济损失：19××年至19××年度拖欠款的滞纳金 54 595.88 元；19××年 2 月至 6 月设备闲置费 57 979.30 元。

以上三项合计，共 242 006.83 元。

事实与理由

19××年 12 月 10 日，××县××建筑工程公司（原告，以下简称乙方）同××市职工教育培训中心（被告，以下简称甲方）签订了《建筑安装工程承包合同》，标的是

乙方为甲方修建教工宿舍楼两幢。承包方式是“议标形式，包工包料”，承包额为495 125.74元。开工日期定为19××年12月25日；竣工日期定为19××年9月30日。合同签订后，乙方按时将设备机具等运进工地，但甲方因工地、图纸等原因没有同有关单位交涉好，直到19××年6月19日乙方才正式开工。在长达177天之内，由于甲方的原因，造成乙方开进工地的70余名职工无活可干，机具设备长期闲置无用，给乙方经济上造成损失达83 590.73元。甲方虽然承担了25 611.43元的误工费，但尚有57 979.30元至今没有承担赔偿损失的责任。

两幢宿舍楼建筑安装工程竣工后，于19××年6月25日，乙方又同甲方签订教学楼工程的施工合同书（附原印件）。教学楼工程于19××年11月1日完工。三幢楼均经××市建筑工程质量监督站校验合格交付甲方使用。

工程结算书经甲、乙双方审定后，交××市建设银行校准定夺，双方无任何争议。甲方应依合同书之规定与乙方结清工程款，但至今甲方仍拖欠乙方工程款21 793.06元。

从19××年元月开始，甲方要求乙方为其零建工程施工。经多次协商达成协议，乙方又为甲方修建了汽车房、锅炉房、坝墙等多项零建工程。但价值174 551.87元的工程款至今不与乙方结算。因甲方一再拖欠乙方工程款，致使乙方工人工资长期不能支付，被迫于19××年12月底撤离甲方工地。

为了收回甲方拖欠的工程款，乙方组织专人多次与甲方交涉。甲方以各种理由推托。

综上所述，甲方违反合同书的约定，单方面地推翻合同书规定的有关条款，无理拖欠乙方工程款给乙方造成了很大的经济损失。《民法通则》第一百零六条规定：“公民、法人违反合同或者不履行其他义务的，应当承担民事责任。”《经济合同法》第三十九条第二项一至五款和《建筑安装工程承包合同条例》第十三条第二项一至五款规定：未能按照承包合同的规定履行自己应负的责任，除竣工日期得以顺延外，还应赔偿承包方因此发生的实际损失；不按合同规定拨付工程款的，按银行有关逾期付款办法或“工程价款结算办法”的有关规定处理。

证据和证据来源、证人姓名和住址

（此处略）

此致

×××市××区人民法院

附：1. 本状副本1份；

2. 书证28件（此处略）。

起诉人：××县××建筑工程公司

法定代表人：×××

××××年×月×日

（来源：中国学习动力网）

评析：本诉状内容明确，格式规范。简练、准确地陈述了事实与理由，并援引部分法律政策，有理有据地提出诉讼请求。

第四课　上诉状　申诉状　答辩状

应知导航

（1）了解上诉状、申诉状、答辩状的概念及写作格式。

（2）明确上诉状与申诉状的区别。

知识探究

一、上诉状、申诉状和答辩状的概念

上诉状是诉讼当事人或其法定代理人因为不服一审判决、裁定，依法定程序，在上诉期限内，向上一级法院提出请求撤销、变更裁判内容或请求重新审理的诉讼文书。上诉状分为刑事上诉状、民事上诉状和行政上诉状 3 种。

申诉状是诉讼当事人或其法定代理人、被害人或其近亲属，对已发生法律效力的判决、裁定认为确有错误，依法向人民法院或检察院提出的，请求重复审查的诉讼书。申诉状也分为刑事申诉状、民事申诉状和行政申诉状。

答辩状是民事、刑事案被告人或被上诉人，针对起诉和上诉人所提出的事实、理由及诉讼请求，进行回答或辩解时所使用的诉讼文书。答辩状分为民事答辩状和刑事答辩状。

二、作用

1. 上诉状

（1）上诉状是启动诉讼二审程序的前提。

（2）上诉状是第二审人民法院对第一审人民法院在案件判决裁定时的事实认定、法律条文运用、审判程序执行等方面进行重新审理的依据。

（3）上诉状是当事人保护自己合法权益的重要手段。

2. 申诉状

（1）申诉状是纠正已发生法律效力的错误判决或裁定，达到有错必纠的目的。

> **知识链接**
>
> 民事上诉的时间规定
>
> 《中华人民共和国民事诉讼法》第一百六十四条：
>
> 当事人不服地方人民法院第一审判决的，有权在判决书送达之日起15内向上一级人民法院提起上诉。
>
> 当事人不服地方人民法院第一审裁定的，有权在裁定书送达之日起10日内向上一级人民法院提起上诉。

（2）申诉状是运用法律手段维护法律尊严的有效措施。

（3）申诉状是保护申诉人合法权益的重要手段。

3. 答辩状

（1）答辩状是被告人或被上诉人对起诉状或上诉状中的无理之处或错误事实进行反驳，有利于法院查清案情，公正判决或裁定。

（2）答辩状是保护被告人或被上诉人合法权益的重要手段。

（3）答辩状有利于维护法律公正。

写·作·指·南

一、上诉状的写作格式

1. 首部

上诉状的首部包括以下两部分内容。

（1）标题。在诉状的第一行居中写“刑事上诉状”、“民事上诉状”或“行政上诉状”。

（2）当事人的基本情况。分别写清楚上诉人、被上诉人的姓名、性别、年龄、民族、籍贯、职业或职务及工作单位或住址。上诉人如果有法定代理人的，在列完上诉人的基本情况之后，紧接着另起一行，列写法定代理人的基本情况，并注明与上诉人的关系。公诉案件只列上诉人基本情况。

2. 正文

（1）案由。写明何人因何案，不服法院于何时以何字号判决、裁定而提起上诉。

（2）上诉请求。上诉请求主要写明上诉人不服原审判决、裁定，要求二审法院撤销、变更原审判决、裁定，或者请求重新审理。对于“不服”，应写明是全部不服还是部分不服原审判决、裁定。这部分写作应有针对性，内容要明确、具体，不要含糊其辞。

（3）上诉理由。这是上诉状的核心部分，上诉理由写得充分与否，直接关系着上诉请求能否实现。这部分是针对原审判决、裁定的不当之处，进行有理有据地论述，实质上是对原审判决的驳论。它大体可以从以下几个方面展开。

①原审判决认定事实错误或证据不足；

②原审判决适用法律不当；

③原审判决违反程序法，在执行程序上存在问题。

3. 尾部和附项

写明致送机关，即正文下面另起一行空两格写“此致”，然后另起一行顶格写“×××人民法院”。附项中注明上诉状副本数和证据等。右下方由上诉人签名或盖章并注明时间。

民事上诉状的样式如下所示。

民事上诉状

上诉人

被上诉人

上诉人因　　　　　一案，不服

人民法院　　　　年　　月　　日（　）　　　字

第　　　　号　　　　　　　　　　　　　　　　　，现提出上诉。

上诉请求

上诉理由

此致

×××人民法院

附：本上诉状副本　份

上诉人

年　月　日

注：（1）本上诉状供民事案件的公民当事人对一审判决、裁定不服提起上诉用，用钢笔或毛笔书写。

（2）“上诉人”、“被上诉人”栏均应写明姓名、性别、出生年月日、民族、籍贯、职业或工作单位和职务、住址等。被上诉人是法人、其他组织的，应写明其名称、地址、法定代表人或代理人姓名。

（3）“上诉理由”部分的空格不够用时，可增加中页。

（4）上诉状副本份数，应按被上诉的人数提交。

二、申诉状的写作格式

1. 首部

（1）标题。在诉状的第一行居中写“刑事申诉状”、“民事申诉状”或“行政申诉状”。

（2）申诉人的基本情况。所包括的内容如上诉状，即姓名、性别、年龄、民族、籍贯、职业或职务及工作单位或住址。刑事案件中的申诉人如果在押，要在情况后面写上现押处所。如果写申诉者不是被告本人，而是被告的辩护人、亲属或其他公民，要在情况后面写清申诉人的姓名、职业以及同被告人的关系。如果民事案件当事人申诉的，还应将对方当事人，即被申诉人的基本情况写明。行政案件的当事人申诉，则要写明被申诉机关的名称、法定代表人的姓名、职务等。

2. 正文

(1) 案由。写明何人因何案，不服法院于何时以何字号判决、裁定而提起申诉。

(2) 申诉请求。简单明白地把请求人民法院要解决的问题，要达到的申诉目的表示出来，如要求撤销、变更原案，或者要求再审以纠正原判中的错误。

(3) 申诉理由。这是申诉状的核心部分，一般需要从如下几部分展开。

①摆清申诉事实，做到全面、真实和准确；

②列示同自己请求目的相符的人证、物证、书证；

③说明法律适用的情况，要看原判适用法律是否得当，还要看原判是否违反诉讼程序。

3. 尾部及附项。同上诉状。

申诉状的样式如下所示。

申 诉 状

申诉人

申诉人　　　对　　　　　人民法院　　　　　　　年

月　　日 ( )　　　字 第　号　　　，提出申诉。

申诉请求

申诉理由

此致

×××人民法院

附：原审　　　书抄件　份

申诉人

年　　月　　日

注：(1) 本申诉状供对各类案件提出申诉时用，用钢笔或毛笔书写。

(2)“申诉人”栏，如系公民的，应写明姓名、性别、出生年月日、民族、籍贯、工作单位和职务、住址等。如系法人或其他组织的，应写明名称、所在地址、法定代表人或代理人姓名和职务。

(3)“事实与理由”部分的空格不够用时，可增加中页。

(4)“申诉人”署名栏，如系法人或其他组织的，应写明全称，由法定代表人或代理人签名，加盖单位公章。

三、答辩状的写作格式

1. 首部

(1) 标题。根据具体案件写明“民事答辩状”、“刑事答辩状”。

(2) 答辩人基本情况。写清楚姓名、性别、年龄、民族、籍贯、职业或职务及工作单位、住址。答辩人如果是法人或其他组织，则要写明单位全称、所在地址、法人代表的姓名和职务。

2. 正文

（1）案由。写明因何人上告何案件而提出答辩。一审答辩状用：“因原告人×××诉我继承遗产案，现答辩如下。”二审答辩状用：“因××不服×××人民法院××字××号判决，提起上诉一案，现答辩如下。”

（2）答辩理由。这是答辩状的主体部分。这里要明确地回答原告人的诉讼请求，阐明自己对案件的主张和理由。针对原告人在起诉或上诉状中所列举的错误事实，或者对方在适用法律条款上的不当之处，进行具体答辩。

（3）答辩意见。在阐明理由的基础上，通过总结、归纳，明确提出答辩意见。具体包括：①找出有关法律条文，证明自己的答辩是有法律依据的；②依据所列正确事实，说明自己法律行为的合理性。在此基础上请求人民法院依法进行最后裁决。

3. 尾部及附项

写明致送机关，正文下面另起一行空两格写“此致”，然后另起一行顶格写“×××人民法院”。附项写明答辩状副本数、书证数、物证数。右下方由答辩人签名或盖章并注明时间。

民事答辩状的样式如下所示。

民事答辩状

答辩人

因　　　　　　　　　　　　　　　　　　　　　　　　一案，

提出答辩如下：

此致

×××人民法院

附：本答辩状副本　份

答辩人

年　月　日

注：（1）本答辩状供公民对民事起诉提出答辩用，用钢笔或毛笔书写。

（2）“答辩人”栏，应写明姓名、性别、出生年月日、民族、籍贯、职业或工作单位和职务、住址等。

（3）答辩中有关举证事项，应具体写明证据和证据来源。

（4）答辩状副本份数，应按原告的人数提交。

【知识拓展】

【示例一】上诉状

刑事上诉状

上诉人（原审被告人）：陈××，男，××省××市×区人，汉族，被捕前系××市建筑工程公司职工，住本市中山路××号，现在押。

上诉人因故意杀人一案，不服××市中级人民法院2005年2月14日［2005］××字第×号刑事判决，现提起上诉，请求撤销原判决。

上诉请求

撤销“××市中级人民法院［2005］××字第×号刑事判决”，重新审判，定罪量刑。

上诉理由

一、一审判决对上诉人犯罪主观方面的认定错误。一审判决认为“被告人当时产生即兴杀人的故意”，根据是上诉人在2003年有了外遇后一直与被害人不和。而上诉人确实在2003年有了外遇，但是我并没有因此而对被害人嫌弃。我每天也在为家庭奔波操劳，绝对没有杀害被害人的意思。我们2004年12月27日的争吵只是一般的家庭纠纷。后由于我一时冲动拿起烟灰缸想击打被害人，给她点教训，但不料用力过猛，把她打死。我当时只有伤害被害人的故意，被害人的死亡是我犯罪故意之外的内容，因此我认为一审判决认定我主观方面有杀人的故意是错误的。

二、一审判决对上诉人犯罪客观方面的认定也有错误。一审判决认为“被告人拿起烟灰缸，朝被害人头部砸过去，实施了杀害被害人的行为，致被害人当场休克，后经市第×人民医院抢救无效死亡”。而当时的情形是，我用手打了被害人的脸，被害人哭闹着和我争执。我当时气急败坏，想用暴力将她镇住，就随手拿起桌上的烟灰缸。我当时是想打被害人的手，因为她一直想用手抓我的脸。但是不巧，我砸过去的时候，被害人的头正好凑过来了。就这样烟灰缸砸到了被害人的头部，以致她受伤而亡。因此，我的行为不能认定是杀害被害人的行为，而只是伤害行为。

我与被害人夫妻数年，伤害她之后我竭尽全力送她去医院抢救，但是悲剧还是发生了。事后我极为痛心，感到万分懊悔。本案中我主观恶意不大，案发后一直配合公安机关的侦察和法院的审判。因此，上诉人认为，法院不该按故意杀人罪给我定罪量刑，而应适用故意伤害罪的规定依法公正的判处我的刑罪。为此，特向贵院上诉，请求人民法院重新审理此案。

此致

××市中级人民法院转送

××省高级人民法院

上诉人：陈××

二〇〇五年二月二十日

评析：上诉状格式规范，内容明确。上诉状的核心是上诉理由，针对性强。本文这部分的重点是从原判决认定事实错误进行辩驳。

【示例二】申诉状

民事申诉状

申诉人：韩××，女，30岁，××省××市人，××××公司职员，现住××市××区××街××号。

对方当事人：徐××，男，55岁，××省××市人，××××退休职工，现住×市××区××街××段×里×号。

申诉人因房屋纠纷一案不服××市××区人民法院××民字第××号民事判决，特提出申诉。

申诉请求

请市中级人民法院重新调卷审理此案，否定对方当事人的房屋继承权。

申诉理由

××市××区人民法院××民字第××号民事判决，认定事实不清，援引法律偏颇，理由如下：

一、一审法院引用我国婚姻法第十七条，“夫妻在婚姻关系存续期间所得财产，归夫妻共同所有”，作出判决只是简单地认定了事实。

1. 在购买我和徐×（亡夫）婚姻关系存续期间住房时，我的亡夫及对方当事人（徐×的父亲）曾公开表态：不与我共买此房。我坚持要买，故请曾××代写了不愿共同买房的声明。声明内容请见代写人曾××的书面证明。

2. 房金是我独自筹措，还债则是在徐×亡故后，靠我个人劳动所得独自承担偿还的，有债权人江××、冯×证明。

二、一审法院引用我国婚姻法第十七条，“夫妻在婚姻关系存续期间所得财产，归夫妻共同所有”，只是简单地认定了事实，而且婚姻法第十九条规定：“夫妻可以约定婚姻关系存续期间所得财产以及婚前财产归各自所有、共同所有或部分各自所有、部分共同所有。约定应采用书面形式。没有约定或约定不明确的，适用本法第十七条、第十八条的规定。”一审法院援引法律时忽略了我和徐×买房前的约定，有失偏颇。

综上，申诉人所买房屋产权应全部归申诉人所有，一审法院认定“夫妻共同所有”是不正确的。因此，对方当事人对房屋的继承权是不合法的。

此致

××市中级人民法院

附：1. 一审判决书副本1份；

2. 曾××书写的书面证明1份；

3. 江××书写的证言1份；

4. 冯×书写的证言1份。

申诉人：韩××

××年×月×日

评析：申诉状的核心部分是申诉理由，在写作中应有很强的针对性，有理有据的陈述是申诉的关键。

【示例三】答辩状

答辩状

答辩人：张××，女，1966年1月9日生，汉族，上海人，现住上海市××路505弄B区10号101室。

因被答辩人路××诉答辩人张××饲养动物伤害赔偿一案，提出如下答辩。

2004年8月17日晚，由于被答辩人的挑逗，答辩人家的狗将其咬伤。现被答辩人歪曲事实、夸大损失，企图通过诉讼要答辩人赔偿其损失，这与客观实际不相符，在法律上也毫无根据。

1. 被答辩人的伤害是由于其自身的过错造成的，被答辩人的诉讼请求没有事实和法律的依据。被答辩人在其起诉状描述得很清楚：在答辩人饲养的狗咬她之前，是被答辩人本人从后面赶上来，喊狗的名字。而且这时答辩人家的保姆已经提醒被答辩人不要过来。被答辩人非但没有停住自己的行为，反而赶过来用手摸狗的头，被答辩人嘴里还说着“我们早就认识了”（指早就认识答辩人家的狗）。其实，被答辩人与答辩人家的狗并不熟悉，况且被答辩人与狗是否熟识并无法律意义。可见，被答辩人唤狗的名字，其实是一种调戏和引诱动物的行为；被答辩人用手触摸狗的脑袋，其实是一种挑逗行为。因此，被答辩人的这种行为在法律上完全可以认定其有主观上的过错。根据《中华人民共和国民法通则》第一百二十七条规定：“由于受害人的过错造成损害的，动物饲养人或者管理人不承担民事责任。”

2. 在整个事件过程中，答辩人及保姆并无过错，被答辩人在诉讼中的主张纯属强词夺理。当天晚上，答辩人家的保姆是按照规定在小区内遛狗，且当时保姆正牵着狗回家。当被答辩人喊狗名字时，保姆也提醒过被答辩人不要靠近。在被答辩人摸狗的脑袋和狗去咬被答辩人的时候，保姆也尽力拽住狗，欲制止狗咬人的行为。但是由于狗的反应极快且力量大，没能完全阻止狗咬人的行为。在这件事情发生的过程中，答辩人的保姆尽到了告知和阻止的责任。因此，答辩人认为，答辩人及保姆对于这次事件并无过错。

3. 在发生被答辩人被狗咬的事件后，答辩人已经尽到了道义上的责任。虽然事情的发生是被答辩人一意孤行所致，答辩人并无过错。但出于道义，在事情发生后，答辩人就提出送被答辩人去医院看伤，但遭到拒绝。被答辩人在家养伤的过程中，答辩人曾买水果登门看望，详细询问被答辩人的病情，但被答辩人坚决不收水果。而且答辩人极力配合派出所的调解，并且同意在被答辩人的保险公司理赔金额外另支付500元作为一种道义责任。

4. 被答辩人在逗狗而被狗咬的事情发生后，其保险公司已经对她的医药费等损失的大部分进行了理赔。

根据上述事实和理由，答辩人请求人民法院依法作出公正判决，驳回被答辩人（原告）的诉请求，维护答辩人的合法权益。

此致

上海市××区人民法院

附：本答辩状副本1份。

答辩人：张××

二〇〇五年四月二十二日

评析：这篇辩文内容明确、格式规范。首先，答辩事由叙述简洁，用"提出如下答辩"引出具体内容；其次，答辩意见包括依据法律和事实说明答辩理由的合法性和正确性，通过对事实的叙述指明对于诉状中的错误，提出自己的主张，请求法院依法公正裁判。此外，答辩书无须叙述被答辩人的基本情况。

【学以致用】

1. 什么是起诉状，起诉状由哪几部分构成？
2. 简述民事起诉状和刑事自诉状的构成。
3. 简述经济纠纷起诉状的构成。
4. 上诉状、申诉状及答辩状的作用各有哪些？
5. 根据以下材料，拟写一份经济纠纷起诉书。

××建筑总公司曾长期向××房地产公司提供建筑材料。2000年1月，经双方对账，××房地产公司尚欠该建筑公司建材款700万元人民币。经双方协商，××房地产公司承诺分三期还清所欠货款。同年11月，该建筑公司因××房地产公司未依约分期付款而予以催讨，××房地产公司称目前已无财产还债，欲出售其仅有的一栋厂房。按照当时市价，该厂房估价约为人民币700万元。同年12月，××房地产公司将其厂房以200万元的价格卖给其上级集团公司下属的M公司。M公司也知道××房地产公司以明显低价出售厂房的起因是××建筑公司索债。该建筑公司得知此事后，再次索债。××房地产公司在偿还200万元货款后声称已无偿还能力。该建筑公司在催欠款不成的情况下，于2001年10月向××房地产公司所在地××市中级人民法院提起诉讼，请求法院撤销××房地产公司低价出售厂房的行为。

注：《中华人民共和国合同法》第七十四条规定："因债务人放弃其到期债权或者无偿转让财产，对债权人造成损害的，债权人可以请求人民法院撤销债务人的行为。债务人以明显不合理的低价转让财产，对债权人造成损害，并且受让人知道该情形的，债权人也可以请求人民法院撤销债务人的行为。"

6. 根据以下材料，代张女士写一份民事上诉状。

张××，女，××岁，××省××县人，住本县渠江路66号。因离婚一案不服××县人民法院于2004年3月10日（50）民字第××号民事判决，欲向×市中级人民法院提起上诉。原判决是这样的：双方婚姻系父母包办，缺乏感情基础。婚后不久，双方因一些生活琐事，发生争吵和打斗。近年来，女方毫无根据地怀疑男方另有外遇，经常到男方工作单位吵闹，影响工作，双方感情日益破裂。为此，夫妻分居已两年。现男方提出离婚，法院调解无效。经调查，证实双方感情确已完全破裂，无法和解，因此判准离婚。张女士认为原判认定的事实和理由不正确，请求撤销原判，改判不准离婚。理由：(1) 婚姻虽系父母包办，但结婚是建立在其爱人自愿基础上的，没有异议，还有亲友可证。而且结婚已有几年，生有一子，在生活中并无大的分歧，不能认定我们没有感情基础。(2) 近一两年来被上诉人在经济上和生活上对家庭照顾不够，是有争吵，但争吵的内容毕竟只限于“家庭琐事”，因琐事争吵而判决离婚，于法无据。(3) 张女士到对方单位反映情况，方式上欠妥，但目的却是为了解决问题，为了和好，原审据此为判离理由，未免武断。(4) 张女士认为被上诉人另有别恋，也不是原判中所说的“毫无根据”。早在两年前，张女士发现被上诉人与邻居邓××关系暧昧，后经多方了解，并有周围邻居证实，他们的关系确已越出正常的范围。经过张女士的劝解，被上诉人对此有所收敛。

开篇寄语

中国作为亚洲经济的重要组成部分，日益显现出其在世界经贸中的重要地位。经济应用文写作已成为人们日常工作的一部分，要熟练掌握经济活动中各种相关文体的写作格式及方法，正确撰写经济应用文，及时沟通经济信息、分析经济活动状况，以提高经济效益。

经济篇

——经济是基础

第一课 经济应用文概述

【应知导航】

（1）了解经济应用文的概念及种类。

（2）通过比较，体会经济应用文的特点，掌握经济应用文写作的要求。

【知识探究】

一、经济应用文的概念

经济应用文是机关、团体、企事业单位在处理经济事务活动中所使用的一类文书的总称。

二、经济应用文的特点

1. 客观性

经济应用文写作必须建立在客观事实的基础之上。为了能够充分发挥经济应用文的作用，必须准确地采集并反映各方面的情况，内容上要忠实于客观事物的本来面目，即使是营销类的广告也要建立在事实基础上，不允许凭空虚构。

2. 效益性

经济应用文是为适应经济管理实践的科学性和效益性而产生的，其写作活动具有鲜明的针对性和突出的目的性。

3. 前瞻性

经济应用文的写作要立足现实，着眼未来。在撰写过程中，要求作者对材料进行分析，研究时既要能够总结、发现过去工作中的经验或问题，又能对将来可能出现的情况作出正确的分析和估计，对未来作出科学的预测，提出切实有效的建议或措施。

4. 专业性

经济活动是一门科学，有其自身的特点和规律。经济应用文作为经济活动的反映和组成部分，其写作要有一定的专业性。一方面文章内容具有针对性和限定性；另一方面文章体式具有规范性和特定性。另外，专业术语和统计数据的使用频率也较高。

三、经济应用文的种类

经济应用文在经济领域中的应用非常广泛，常见的种类如下。

（1）报告类。用于总结或分析经济工作的现状或发展趋势，包括市场调查报告、市场预测报告、经济活动分析报告、审计报告等。

（2）方案类。用于为决策者提供决策依据，包括经济决策方案、财经（商业）计划等。

（3）契约类。用于确定经济活动当事人双方的关系，彼此的权利与义务，如经济合同、意向书、招标书、投标书等。

（4）营销贸易类。用于商业伙伴的业务往来及为市场销售服务，力求获得丰厚的销售利润，如商务函件、广告等。

另外还有知识说明类，如说明书。

写·作·指·南

（1）认真学习经济政策和法律，掌握相应的专业知识。经济应用文具有一定的专业性，作者必须加强自身经济政策、法律知识和专业常识的学习，从而更好地把握经济规律。

（2）熟练掌握经济应用文的规范格式和语言特点。经济应用文在长期实践中大多形成了固定的格式，每一类文种语言也有一定要求，写作时必须熟悉各类表达方法。

（3）深入调查研究，掌握真实准确的材料。要树立深入搜集、调查、研究材料的观念。

第二课 意向书

【应知导航】

（1）了解意向书的概念及特点。

（2）掌握意向书的写作要求及方法。

【知识探究】

一、意向书的概念

意向书是双方当事人通过初步洽商，就各自的意愿达成一致认识而签订的书面文件，是双方进行实质性谈判的依据，是签订协议（合同）的前奏。

按其签署方式可分为单签式意向书、联签式意向书、换文式意向书，其中最常用的是联签式意向书。

二、意向书的特点

(1) 协商。意向书是双方当事人共同协商的产物。写意向书多用商量的语气，不带任何强制性。

(2) 一致性。意向书表达的是双方当事人之间初步洽谈的一致同意的若干原则性意见。一旦达成正式协议，便完成了意向性的使命。

(3) 临时性。意向书是谈判某一阶段的成果，在今后的协商过程中有部分改变或全盘改变的可能。意向书不像协议、合同那样具有法律效力，只是具有一定的信誉约束力。

写·作·指·南

一、意向书的写作格式

意向书由标题、正文和落款 3 部分组成，书写格式有条文式、表格式和条文表格综合式。

(1) 标题。意向书的标题并没有严格的规定，可以写“意向书”3 个字。为了明确、醒目，意向书之前也可加上项目名称，如“合资兴建麦秆草席加工厂意向书”、“合作举行××××培训意向书”。

(2) 正文。意向书的正文由“引言”(即“开头语”) 和“主体”两部分组成。

①引言。分为 3 个层次书写。首先，写明合作各方单位的全称，在名称后面加括号注明“简称甲方”、“简称乙方”，以方便后面的行文。然后，简要介绍双方接触的情况，签订意向书的缘由、目的和依据的原则。最后，用“现达成以下意向”或“经友好协商，特就××事宜签订本意向书”等语句，过渡到主体部分。

②主体。分条款书写达成的意向性意见，即兴建项目所要涉及的最基本的内容要点，一般还要写明未尽事宜的洽谈方式及大致的日程安排等，如交代“未尽事宜，在正式签订合同或协议书时予以补充”，留有余地。最后还要写明意向书的份数、存执情况和必要的说明。

> **知识链接**
>
> 意向书的书写过程
>
> (1) 整理谈判纪要或者其他类似的文书资料。
>
> (2) 正确理解各方意愿，确定文书框架。
>
> (3) 提交有关方面审阅，收集修改意见。
>
> (4) 根据意见修改意向文书。

(3) 落款。写明当事人各方的名称，代表人签名并加盖印章，注明签署日期和地点。有的意向书还写上单位、地址、开户银行、账号，有时也写上单位负责人姓名。

二、写作要求

（1）事项具体，条款明确。
（2）条理清楚，措辞严谨。
（3）行文规范，可行可信。

【知识拓展】

【示例】意向书

合资建立××进出口贸易有限公司意向书

×××厂（以下简称甲方）与新加坡××贸易公司（以下简称乙方）本着平等互利的原则，于×年×月×日在×地，就建立合资企业事宜进行了初步协商，达成意向如下。

一、甲乙两方愿以合资或合作的形式建立合资企业，暂定名为××进出口贸易有限公司。建设期为×年，即从××年—××年全部建成。双方意向书签订后，即向各方有关上级申请批准，批准的时限为×个月，即××年×月×日—××年×月×日完成。然后由甲方办理合资企业开业申请。

二、总投资×万元（人民币），折合×万美元。××部分投资×万元（折合×万美元）；××部分投资×万元（折合×万美元）。

甲方投资×万元（以工厂现有厂房、水电设施、现有设备等折款投入）；

乙方投资×万元（以折美元投入，购买设备）。

三、利润分配：各方按投资比例或协商比例分配。

四、合资企业生产能力：（略）。

五、合资企业自营出口或委托有关进出口公司代理出口，价格由合资企业定。

六、合资年限为××年，即××年×月—××年×月。

七、合资企业其他事宜按《中外合资法》有关规定执行。

八、双方将在各方上级批准后，再行具体协商有关合资事宜。

九、未尽事宜，双方在今后约定时间协商补充。

本意向书一式两份。作为备忘录，各执一份备查。

甲方：×××厂（盖章）　　乙方：新加坡××贸易公司（盖章）
代表：李××（签名）　　代表：王××（签名）

××××年×月×日

评析：这份合资建公司的意向书，内容完整，格式规范。首先交代签订意向书的缘由，以“达成意向如下”引出具体事项并以条款形式列出，一目了然，简明扼要。

第三课 经济合同

应知导航

(1) 了解经济合同的概念、特点及种类。

(2) 能正确区分意向书与经济合同。

(3) 掌握经济合同的写作格式。

知识探究

一、经济合同的概念和作用

根据《中华人民共和国合同法》规定："合同是平等主体的自然人、法人、其他组织之间设立、变更、终止民事权利义务关系的协议。"合同是当事人为了达到一定的经济目的，通过平等协商而签订的明确互相权利义务关系的具有法律约束力的协议。签订经济合同，必须遵照平等互利的原则、协商一致的原则、遵守法纪的原则。

经济合同的作用主要表现在以下5个方面。

(1) 有利于保护合同当事人合法的经济权益。

(2) 有利于规范市场交易活动，维护社会经济秩序，促进经济效益提高。

(3) 有利于加强国家对企业的管理和监督。

(4) 有利于企业加强经济核算和经济管理。

(5) 有利于发展国内贸易和对外贸易，促进经济技术交流合作。

二、经济合同的特点

(1) 法律约束性。合同是当事双方（或几方）在符合法律规范要求条件下达成的协议，受法律保护，当事人一方或双方未按合同履行义务，就要依照合同或法律承担违约责任。

(2) 一致性。合同是当事双方（或几方）一致意思的表示，权利和义务相辅相成。

(3) 语言简明性。合同的语言要求简洁明了。

三、经济合同的种类

经济合同按不同的标准划分，有不同的种类。

按写作形式分，有表格式合同、条文式合同。表格式合同，是预先印好的，签订合同时，不必自拟文字，只要将双方商定的协议内容逐项填入合同的表格中即可。条文式合同是将双方商定同意的内容，逐条用文字写明。

按履行期限分，有长期合同、中期合同、短期合同。

按内容性质分，主要有以下种类：买卖合同，供用电、水、气、热力合同，赠与合同，借款合同，租赁合同，融资租赁合同，承揽合同，建筑工程合同，运输合同，技术合同，保管合同，仓储合同，委托合同，行纪合同，居间合同等。

写•作•指•南

一、经济合同的格式和写法

经济合同的基本结构是由标题、约首、正文、约尾4部分构成。

1. 标题

写在首页上方居中，字体稍大，以合同内容和类型命名，用以指明合同的性质，如订货合同、借款合同、供销合同等。

2. 约首

标题之下顶格写“订立合同单位”（或“立合同人”），后面注明双方单位的全称。为了行文方便，可分别在全称后加括号简化为“甲方”和“乙方”；也可按合同内容标示，如买卖合同可写“买方”、“卖方”，借款合同可写“借方”、“贷方”。订立合同双方单位名称可以左右并列，也可上下分列。

3. 正文

经济合同的正文为合同的主要内容，包括开头和主体两部分。

（1）开头。简要说明签订合同的目的或经过，如“兹因甲方向乙方定购下列货物，经双方协议，订立本合同如下”。

（2）主体。按照双方的协议，逐项（条）写明议定的条款。一般应该按照《中华人民共和国合同法》规定的主要条款及其主次关系排序。主要条款包括标的，数量和质量，价款或报酬，履行期限及地点、方式，违约责任等。以“订货合同”为例，就要写清货物的品名、规格、数量（单位）、单价和交货地址、交货办法、交货期限、付款办法等。

标的是指合同中权利和义务所指对象，包括货物、劳务、智力成果等，如订货合同中的货物、借款合同中的货币、房屋买卖合同中的房屋都是合同的标的。

数量是标的具体化，体现了合同双方权利、义务的大小程度，要明确规定标的数量、计量单位和计量方法。

质量表明标的的特征和优劣程度，是标的内在质量和外在质量的综合指标。

价款或报酬是有偿合同中接受标的一方当事人以货币形式向另一方当事人支付的价款。要标明支付的货币名称、数额、计算标准、结算方式、支付时间、方式等。

履行期限指合同当事人完成合同所规定的各自义务的时间期限。地点指合同当事人履行合同义务的具体地点，如交货地、施工地等。方式指合同当事人履行义务的方法，一般包括标的交付方式、价款或报酬结算方式，以及运输方式、计量方式、验收方式等。

违约责任是指当事人由于自身过错而未履行合同义务，依法所应承担的责任。

4. 约尾

约尾一般包括以下 5 项内容。

（1）合同的有效期。

（2）条款未尽事宜的处理办法。

（3）合同份数和保存方法。

（4）合同的附件（表格、图纸、资料、实样等）。

（5）落款。在正文的下方写明双方单位的全称及代表姓名，并签名盖章。此外还要写上各签约单位详细地址、电话号码、邮政编码、开户银行及账号等。有的合同还写上鉴证机关。最后在右下方写明合同签订的日期。

二、经济合同的写作要求

签订经济合同应该慎重对待，切不可粗枝大叶，使经济利益受到损失。具体来说，要求做到以下几点。

（1）内容合法。经济合同的内容要遵循法规、符合政策、依照原则。

（2）条款完备具体。经济合同必备的构成部分不能缺少，合同内容的各项条款不能遗漏。诸如产品规格、计量单位、包装标准等，都要具体写明。文字不可模棱两可产生歧义。金额数字要大写（单价金额可以用阿拉伯数字书写），标点要正确。

（3）字迹清楚、文面整洁。合同订立，一经签字盖章，即具有法律效力。合同文面必须整齐洁净，字迹要清晰工整。合同一般不能涂改，如果要有涂改，应在修改处加盖双方当事人印章。

【知识拓展】

【示例】经济合同

订货合同

签订日期：××年×月××日

××市药材总公司（甲方）

××农贸综合公司（乙方）

兹因甲方向乙方购下列货物，经双方协商立合同如下：

品名	规格	质量	数量	单位	单价	金额
川贝	大中小籽各$\frac{1}{3}$	身干色白无霉变	10 000	kg	50 元	50 万元
货款计人民币（大写）：伍拾万元整。						

规格要求：大、中、小籽各三分之一，按药检部门规定大、中、小籽的面积，进行筛选后按重量计算。超过大、中、小籽数量规定的，依质论价，大籽每公斤35元，小籽每公斤70元，中籽每公斤50元。超过大籽规格的甲方不收。

质量要求：含自然水分在3%以下，超过3%的扣减数量；色白、无霉变，按乙方向甲方提供的样品进行检验。

包装：统装，每50公斤为一件。

交货地点：××市药材总公司第十五仓库。

交货办法：乙方在甲方第十五仓库，当面过秤验收。

交货期限：20××年×月××日以前交货。

付款办法：甲方向乙方预付定金5万元，20××年×月××日前电汇货款35万元给乙方。其余10万元待验收完毕后的5日之内以信汇方式汇给乙方；提前交货的信汇时间，不得迟于20××年×月××日。

违约责任：违约方向守约方支付实际违约金额的百分之三的违约金。

甲　方：　　　　　　盖章　　　　乙　方：　　　　　　盖章

代表人：　　　　　　签字　　　　代表人：　　　　　　签字

评析：这则合同内容完整，格式规范。用“给双方协商立合同如下”引出具体事项，主要内容包括标的、数量、质量、价款及附则。简明扼要，一目了然，清晰明确。

第四课　说明书

应知导航

（1）了解说明书的概念、特点及种类。

（2）掌握说明书的写作要求及方法。

知识探究

一、说明书的概念

说明书是说明物品的性能、用途、规格、使用方法等知识的一类实用性文书。说明书常用于对工农业产品、书籍资料出版、电影戏剧演出等的介绍说明。其目的在于使读者对某种产品、书籍、影剧等有所了解，并能正确地掌握、使用和阅读欣赏。

二、说明书的特点

(1) 科学性。说明书内容应实事求是，形容要恰当，概念的界定要明确，程序和方法要介绍清楚，用语要准确。对所说明的事物不仅要介绍优点，而且必要时要说明应注意的事项或可能产生的问题，以防贻误他人。

(2) 说明性。说明书以说明为主要表达方式，一般较少运用议论和抒情。说明书中运用的说明方法常见的有列数据、作比较、下定义等。

(3) 简明性。说明书大多是作为某一事物的附件而出现的，如产品说明书常常放在产品的包装盒内或直接印在包装盒上，这要求说明书篇幅短小，表述简明、准确，突出重点，使人一目了然。

(4) 条理性。主要指产品说明书务必注意结构层次的条理性。要根据产品的特性，按照一定的程序逐条说明，使用户看了以后能准确地掌握使用方法，明确注意事项。

三、说明书的种类

说明书按所要说明的事物分以下几种。

(1) 产品说明书。它主要指关于日常生产、生活产品的说明书，主要是对某一产品的所有情况的介绍，诸如其组成材料、性能、存储方式、注意事项、主要用途等的介绍。

(2) 使用说明书。它是向人们介绍具体的关于某产品的使用方法和步骤的说明书，如《剃须刀说明书》。

(3) 安装说明书。它主要介绍如何将散装的产品零件安装成一个可以使用的完整的产品。为了运输的方便，许多产品都是拆开分装的，这样用户在购买到产品之后，需要将散装部件合理地安装在一起。这就需要有一个具体的安装说明书，如《CD-ROM驱动器安装说明书》。

(4) 戏剧演出说明书。它的主要目的在于介绍戏剧、影视的主要故事情节，同时也是为了向观众推荐该影剧。大型的演出活动，对于演职员的介绍、节目的介绍等，也是为了吸引更多的观众而采用的一种宣传式的说明文字。

写·作·指·南

一、说明书的写作格式

说明书内容一般包括标题、正文、结尾3个部分。

1. 标题

写在第一行正中，写明商品的名称，如“脑黄金”。有的还注明产品的型号、商标、生产厂家等，如“××牌保温式自动电饭锅说明书”。有的标题还加“说明”、“说明书”等字样。标题应简明、直观、引人注目。

2. 正文

正文是说明书的主体部分，一般包括以下内容。

（1）引言。主要介绍生产厂家的历史、现有规模、技术水平、产品质量、办厂宗旨、经营状况等方面的情况，也可以概述产品的名称、特点、设计原理、使用范围等情况。

（2）技术指标。详细说明商品的性能、特点、规格、成分、型号等，一般要用数据明确标出。

（3）结构特征。借助示意图对产品作解释说明，具体说明各部分的特征。

（4）使用方法及注意事项。按照操作的程序逐一列出使用方法，以便用户正确地使用。还应说明在使用过程中应注意的问题。

（5）配套产品。凡与该产品配套使用的其他产品，均应将名称、规格、数量逐一列出。

（6）保养方法。具体说明保养与维修的方法，对一般常见的故障成因及处理方法应作特别说明。

（7）责任保证。说明商品的维修、退换等售后服务的具体事项。

3. 结尾

写明生产单位或销售单位的联系人、联系地址、电话、写作日期等。

知识链接

说明书的两种体式

（1）短文式。这种写法内容连贯，通篇浑然一体，类似一篇短文。有些商品说明书，适合采用这种写法，如书籍说明书，食品说明书等。

（2）条款式。这种写法分条列款，层次分明，秩序井然，适用于家用电器等功能多样、构造复杂的商品。例如，有一份电子电话机的说明书，正文分为5项：①主要功能；②使用条件；③尺寸及功能键；④安装和使用；⑤注意事项。用户阅读这样的说明书，会觉得眉目清楚，一目了然，容易接受。

说明书的写作形式有多种：采用条文式，分成若干部分，分条列项地作详细介绍；采用概述式，用一两段文字，简明扼要地作概括介绍；采用图文综合式，既有详尽的文字说明，又有照片和图式解说，如电路图、构造图、分子式等，这种说明书往往印成小册子作为商品的附件。

二、说明书的写作要求

（1）内容客观真实。

（2）突出商品特点。

（3）语言通俗易懂。

（4）措辞准确简洁。

（5）版面整洁美观。

【知识拓展】

【示例】说明书

×××牌剃须刀使用说明书

本说明适用于各类充电式剃须刀。

充电：将电源插头插入 AC220V 电源插座上，充电指示灯亮，充电 12 ~ 16 小时。

剃须：将开关键上推至（ON）开启位置，即可剃须。为求最佳之刮须效果，请将皮肤拉紧，使胡子成直立状，然后以逆胡子生长的方向缓慢移动。

修剪：如需修剪刀功能，请在剃须前，先将修剪刀推出，修短胡须后再用网刀剃净。

清洁：剃须刀要经常清洁。清洁前应先关上开关，然后旋下网刀，用毛刷将胡须屑刷净。清洁后轻轻放回刀头架且到位。清洁时应轻拿轻放，避免损坏任何部件。

保修条例：保修服务只限于一般正常使用下有效。一切人为损坏，如接入不适当电源，使用不适当配件，不按照说明书使用；因运输及其他意外而造成的损坏；非经本公司认可的维修和改造，错误使用或疏忽而造成损坏；不适当的安装等，保修服务立即失效。此保修服务并不包括运输费及维修人员上门服务费。

保修期外享受终身维修，维修仅收元器件成本费。

剃须刀中内、外刃属消耗品，不在保修范围内。

保修期：正常使用六个月。

注意事项：充电时间 12 ~ 16 小时，时间不要过长，以免影响电池寿命。

更换刀网、刀头时，一定要选用原厂配件。

评析：这篇说明书内容简洁，条理清楚。采用条文式的写法，重点写明了产品的使用方法，保修事宜和注意事项。

第五课 广告

应知导航

（1）了解广告的概念、特点及种类。

（2）掌握广告的写作格式及写作要求。

知识探究

一、广告的概念

广告有广义和狭义之分。广义的广告包括公益性广告和经济广告。人们常说的广告是狭义的广告，即经济广告，它是以盈利为目的的广告。本课主要介绍狭义的广告。

经济广告是为了扩大销售或促进有偿服务，有计划地通过各种媒体向公众宣传相关商品、劳务等信息时所使用的一类经济应用文。

二、广告的特点

1. 诱导性

经济广告是为了推销商品和劳务获取利益，属于赢利性广告。它往往通过各种形式，多角度宣传商品的功用、服务的内容、企业的形象，以引起公众的注意，激发其消费欲望或对该企业的好感。

2. 真实性

经济广告虽然以推销为目的，但必须保证广告内容的真实、健康。要遵守法律条款的有关规定，不得弄虚作假，不得欺诈消费者。

3. 艺术性

广告综合运用文字、画面等艺术表现形式，多角度增加其艺术感染力，给人以美的享受，从而激发公众的兴趣和购买欲望。

4. 创造性

广告在借鉴前人经验的基础上讲求推陈出新、独具特色，以不断开拓进取的意识来引导消费者。

三、广告的种类

广告根据不同的分类标准可以分成不同的种类。

按广告运用的媒体分，有报刊广告、电视广告、印刷品广告、橱窗广告、牌匾广告、灯光广告、音响广告、陈列广告、模型广告、车船广告、路牌广告等。

按广告覆盖的范围分，有国际广告、国内广告、区域广告等。

按广告的内容分，有商品广告、劳务广告、企业广告等。

四、广告和商品说明书的区别

从目的上看，广告在于推销，促进消费；说明书在于介绍说明知识。

从内容上看，广告在于突出产品或服务的优点；说明书重在说明产品或服务的特点、使用方法、适用范围、注意事项等，还要告知人们可能带来的副作用。

从表现手法上看，广告可采用叙述、议论、抒情、说明等多种表达方式，修辞手法多样；说明书以说明为主。

从语言上看，广告语言优美，讲求文采；说明书语言简明、平实。

写·作·指·南

一、广告的写作格式

无论通过什么媒体进行宣传，广告都离不开文稿，只是文稿有长有短，侧重点有所不同。对一篇结构比较完整的广告来说，可分为标题、正文和落款3部分。

1. 标题

标题如同广告的“眼睛”，是一则广告最能引起公众兴趣的信息，在全文中起统领作用，必须精心提炼。标题从形式上可以分为以下3种。

（1）直接标题。用简明扼要的语言开门见山，直截了当地点出广告的主要内容，如“活力二八，沙市日化”。

（2）间接标题。以委婉的言辞，用暗示的手法，把信息传播给消费者，引起消费者的好奇心，产生购买兴趣，如“不打不相识”（某打字机），“眼睛是灵魂的窗户，为了保护它——您的灵魂，请给窗户安上玻璃吧!”

（3）复合标题。直接标题和间接标题的综合运用，通常以双行或多行标题的形式表现出来，一般包括引题、正题、副题。引题是广告正题的引言，起到引起话题的作用，通常不包括重要信息。正题是标题的主体部分，往往集中了广告的最重要信息。副题是对正题的补充，起到进一步丰富正题的作用。复合标题可以是引题+正题，也可以是正题+副题，还可以是完整的三行标题。例如，下面是一则关于《华西都市报》改版的广告标题。

正题：华西“变脸”精美呈现。

副题：国际“钻石级报型”全面刷新你的阅读视野。

2. 正文

正文是广告的核心，是提供商品、劳务信息细节的部分，主要用来介绍商品的性能、特点、用途、价格、效果、信誉以及使用方法、售后服务手段等。广告正文的写法多种多样，常见的有以下几种。

（1）陈述体。用平直的语言，明白地说出商品的名称、用途、规格、价格等情况。

（2）问答体。它利用人们的好奇心和求知欲，用提问的形式来激发顾客的购买欲，生动活泼，具有较强的吸引力。

（3）证书体。将产品获得的奖项毫无保留地告诉给人们，利用人们对产品质量评比的信任，间接赞誉本产品。

（4）故事体。以构筑与产品相关的情节性内容介绍产品，给消费者留下深刻印象。

（5）诗歌体。通过诗歌形式介绍产品，利用诗歌句式整齐、便于记忆的特点进行宣传，或者运用诗歌型的抒情语言进行情感诉求，给人一种情感体验，打动消费者。

3. 落款

一般应写明附加信息，主要包括企业名称、地点、联系人、联系方式、地址等。

另外，有一些广告者为了维护广告宣传的连续性，会在一系列广告中运用某一特定的宣传短语，称为广告标语，又叫广告口号。例如，“飘柔”洗发水的广告标语——“头屑去无踪，秀发更出众”；农夫山泉的广告标语——“农夫山泉，有点儿甜”；柯达彩卷的广告标语——“精彩每一刻”。

二、广告的写作要求

广告标语的作用在于使消费者加深对企业的经营特点或对商品、劳务的独特优良个性的理解和记忆，以形成深刻强烈的印象。一般而言，每则广告都要有标题，却可能没有广告标语；每一则广告的标题都可能不同，但广告标语却能够在一段时间内重复使用，具有稳定性和持续性。

知识链接

世界著名广告

1. Good to the last drop. 滴滴香浓，意犹未尽。（麦斯威尔咖啡）
2. Obey your thirst. 服从你的渴望。（雪碧）
3. The new digital era. 数码新时代。（索尼影碟机）
4. We lead. Others copy. 我们领先，他人仿效。（理光复印机）
5. Impossible made possible. 使不可能变为可能。（佳能打印机）
6. Take time to indulge. 尽情享受吧！（雀巢冰激凌）
7. The relentless pursuit of perfection. 不懈追求完美。（凌志轿车）
8. Poetry in motion，dancing close to me. 动态的诗，向我舞近。（丰田汽车）
9. Just do it. 只管去做。（耐克运动鞋）
10. Ask for more. 渴望无限。（百事流行鞋）
11. The taste is great. 味道好极了。（雀巢咖啡）
12. Feel the new space. 感受新境界。（三星电子）
13. Intelligence everywhere. 智慧演绎，无处不在。（摩托罗拉手机）
14. The choice of a new generation. 新一代的选择。（百事可乐）
15. We integrate，you communicate. 我们集大成，您超越自我。（三菱电工）
16. Take TOSHIBA，take the world. 拥有东芝，拥有世界。（东芝电子）
17. Let's make things better. 让我们做得更好。（飞利浦电子）
18. No business too small，no problem too big.
没有不做的小生意，没有解决不了的大问题。（IBM）

【知识拓展】

【示例】经济广告（问答体）

你想拥有迷人的身材吗？

——快来××健美中心

你想拥有强健的身体吗？你想拥有迷人的身材吗？海南国威健美中心国标、拉丁、摩登、交谊舞培训正在火热进行，热情欢迎你的光临，天天报名，循环教学制，随到随学。

执教：刘××——××省国际标准拉丁舞大赛冠军、体育舞蹈拉丁舞A级教师

周××——××体育舞蹈交流协会理事、国际标准舞高级教师

培训内容：伦巴、恰恰、桑巴、牛仔、斗牛、华尔兹、维也纳华尔兹、狐步舞、快步舞、探戈、慢三、快三、中四、吉特巴

培训时间：周一至周六晚8：00－10：00，周日休息

学费：280元/年　180/半年　100元/30次

地址：××市解放西路市工人文化宫左侧六楼××健美中心

联系人：刘小姐——138××××5565

周先生——138××××0801

评析：这则广告采用了问答体。标题采用问句形式，形式引人注目。正文开头一连串的问句，引起读者探究答案的好奇心。既而简明扼要地介绍了师资情况、培训内容、时间、费用等信息。最后写明联系地址、电话。层次分明、目的明确。

第六课 招标书 投标书

应知导航

（1）了解招标书、投标书的概念、特点及程序。

（2）掌握招标书及投标书的写作方法。

知识探究

一、招标书、投标书的概念

招标书又叫招标通告、招标通知、招标启事等，是将招标信息和有关事项告知于众的一种商业广告性的文书。根据发布的范围，招标书可分为国际招标书、国内招标书、系统或单位内部招标书。根据招标目的物的种类，招标书可分为建筑招标书、生产招标书、设计招标书、劳务招标书等。

投标书是投标人按照招标文出的条件和要求，向招标人提出响应，并要求订立合同的建议。在写投标书之前，必须对投标项目做周密的调查研究和精确的计算，了解市场信息，报价合理，既要有竞争性，又要有一定的利润。

二、招标书、投标书的特点

招标书具有公开性的特点。招标活动应当遵循公开、公平、公正的原则。一般正式招标书都采用广告、通知、公告等形式发布。招标的整个过程是公开的，从而保证使每一个投标人获取同等的信息。但招标人对于设置的标底（项目的定价）必须保密。

投标书具有保密性的特点。为了在竞争中达到中标的目的，投标书应密封寄送，在开标前投标书要绝对保密。

三、招标书、投标书的程序

1. 招标书的程序

（1）成立招标、评标组织。

（2）编制招标文件，公布招标公告。

（3）投标者递交投标申请书，并购买招标文件。

（4）对投标者进行资格审查。

（5）统一组织投标咨询，组织投标者进行现场考察。

（6）投标者密封递交投标书。

（7）在预定时间内开标、评标，确定预中标者。

（8）进一步调查核实，确定中标者，并发出中标通知书。

（9）招标单位与中标者签订合同。

2. 投标书的程序

（1）作出投标决策。要根据市场调查、招标书和自身具备的条件作出投标与否的决策，以免浪费时间和财力或者错失竞争的机会。

（2）编制投标文件。投标文件应当对招标书提出的实质性要求作出响应。

（3）寄送投标文件。在要求提交投标文件的截止时间前，投标人应当将投标文件盖章、密封送至投标地点。招标人收到投标文件后，应当签收保存，不得开启。投标人提交的投标文件如果超过招标文件规定的截止时间，招标人应当拒收。

（4）补充、修改或者撤回已经提交的投标文件。投标人在招标文件要求提交的截止时间前，可以补充、修改或者撤回已提交的投标文件，并书面通知招标人。补充、修改的内容为投标文件的组成部分。

3. 开标、评标、中标

（1）开标。开标是指在开标仪式上当众拆封所有合法有效的投标书，并宣读投标人名称、投标价格和投标书的其他主要内容。

（2）评标。评标是指评标委员会按照招标书确定的评标标准和方法，对投标书进行评审和比较，设有标底的，应当参考标底。评委会认为所有投标都不符合招标书要求的，可以否决所有投标。

（3）中标。招标人根据评标委员会的评标报告和推荐的中标候选人确定中标人，并向中标人发出中标通知书，同时将中标结果通知所有未中标的投标人。中标通知书对招标人和中标人具有法律效力。双方在中标通知书发出之日起 30 日内，按照招标书和中标书订立书面合同，并不得再行订立其他背离合同实质性内容的其他协议。

写·作·指·南

一、招标书的写作格式

1. 招标书的内容

主要写明招标人、招标项目的介绍和招标的有关事宜。

（1）招标人的名称和地址。

（2）招标项目的性质、数量、实施地点和时间。招标项目的性质是指招标项目的所属名称，如基础设施、公用事业的项目名称；或资金来源的名称，如使用国有资金投资的项目，利用国际组织或外国政府贷款、援助资金的项目；或采购招标；或勘察设计等服务性质的招标。招标项目的数量是指招标项目，如设备供应量、土建工程量等的数量。招标项目的实施地点，是指材料设备的供应地点，土建工程的建设地点，或服务项目的提供地点。招标项目的实施时间，是指交货期、施工期或服务项目的提供时间。

（3）获取招标文件的办法。这一般是指发售招标文件的地址、收费标准、投标截止及开标时间、地点、招标人或代理机构的开户银行、账号等。

（4）招标人认为需要说明的其他事宜。如果要求在投标人提供有关资质证明文件和业绩情况等，可在投标书中写明。

2. 招标书的结构形式

（1）标题。标题有 3 种形式：一是“招标单位名称 + 招标项目 + 文种”，如《××工程设备公司建筑安装工程招标书》；二是“招标单位名称 + 文种”；三是“招标项目 + 文种”，如《××大桥工程招标书》。

（2）正文。正文由前言、主体组成。前言写明招标目的和招标单位的基本情况。主体包括招标事项和招标程序。招标事项一般分项列条加以陈述和说明，包括招标项目的具体内容（项目名称、招标范围、招标投标方法、招标时限、招标地点）和要求。招标程序应写明投标的起止时间，发送招标文件的方式、地点和日期，开标的方式、地点和日期。

（3）落款。落款应写明招标单位的名称、地址、电话号码和传真、发布日期等，还可以将其他须知作为附件附于文后。

二、投标书的写作格式

1. 投标书的内容

投标书（标函）主要应写明承包招标项目的价格（价标）、保证和条件等。

（1）项目的价格、保证和条件。①标函内容，即承包招标项目的内容，有项目名称、地点、包干形式、数量等；②标价，完成招标的分解金额；③保证完成的工期（交货期），具体时间和总计天数；④质量保证，可达到的等级和保证质量的有效措施；⑤拟派出的项目负责人与主要技术人员的简历、业绩，拟用于完成招标项目的机械设备等（本条内容限于建设施工的招标项目）；⑥其他，如服务条件等。

（2）投标单位的自我介绍。主要包括：①企业的名称、地址、性质（国有、民营、中外合资等）级别；②企业的业绩，曾经营或建筑过的重大项目；③企业的技术力量，工程技术人员、技工的人数；④企业的设备情况。

（3）投标态度，主要是承诺内容。

2. 投标书常用结构形式

（1）标题。由招标项目和文种组成，如“××建筑工程投标书”、“××商品标函”，也可以直接写文种，如投标书、标函或投标单。

（2）送往单位。作为函，必须有受文单位，俗称抬头，要顶格写。标函的抬头应是招标单位或招标办公室。

（3）开头语。叙写投标的依据或目的。

（4）主体。除投标表和企业介绍表中列入的内容外，还可写明投标态度，表明对标函的承诺。

（5）落款。写明投标单位的名称、负责人、联系人、地址等，并注明成文日期。

（6）附件。担保单位的担保书、正文主体的必要表格作为附件附在文后。

投标书的主要部分常常采取表格式，所以又称投标单或标单。标单一般是作为招标文件由招标单位拟制的，投标单位只要按表格填写即可，但也可以采用条款式，分条陈述。

三、招标书、投标书的写作要求

1. 招标书的写作要求

（1）招标书中的条件必须符合国家有关政策和法律法规，要正确处理好国家、招标单位和投标者三者之间的关系。发布重要的招标公告，必须得到上级主管部门的批准，以使招标公告具有权威性，也使投标者有信任感。

（2）招标内容要简明扼要，重点突出；向投标者提出的质量标准和技术规格方面的要求和条件，要明确、具体。

（3）文字要准确、得体，标点要正确清楚，以免发生歧义。招标书的篇幅不宜过长。

2. 投标书的写作要求

（1）必须认真研究招标书，积极挖掘内部潜力并充分利用外部力量，提出自己的切实可行而又先进合理的标价。

（2）投标书的内容要具体清晰，要紧紧围绕招标事项，提出有针对性的切实可行的措施。

（3）投标书应严格按照招标的要求和条件编制，并按规定格式填写，做到内容齐全，格式规范，表达简明具体，字迹清楚整洁。

（4）撰写之后要认真检查，防止疏漏。最后加盖单位公章和法人代表印章。

【知识拓展】

【示例一】招标书

建筑安装工程招标书

为了提高建筑安装工程的建设速度，提高经济效益，经________（建设主管部门）批准，________（建设单位）对________建筑安装工程的全部工程（或单位工程，专业工程）进行招标。

一、招标工程的准备条件。

本工程的以下招标条件已经具备：

1. 本工程已列入国家（或部、委，或省、市、自治区、直辖市）年度计划；

2. 已有经国家批准的设计单位出的施工图和概算；

3. 建设用地已经征用，障碍物全部拆迁；现场施工的水、电、路和通信条件已经落实；

4. 资金、材料、设备分配计划和协作配套条件均已分别落实，能够保证供应，使拟建工程能在预定的建设工期内连续施工；

5. 已有当地建设主管部门颁发的建筑许可证；

6. 本工程的标底已报建设主管部门和建设银行复核。

二、工程内容、范围、工程量、工期、地质勘察单位和工程设计单位。

（此项也可用表格形式，见附表）

三、工程可供使用的场地，水，电，道路等情况（略）。

四、工程质量等级，技术要求，对工程材料和投标单位的特殊要求，工程验收标准（略）。

五、工程供料方式和主要材料价格，工程价款结算办法（略）。

六、组织投标单位进行工程现场勘察，说明招标文件交底的时间、地点（略）。

七、报名、投标日期，招标文件发送方式。

报名日期：________年____月____日；

投标期限：________年____月____日起至________年____月____日止。

招标文件发送方式：

____。

八、开标、评标时间及方式，中标依据和通知。

开标时间：________年____月____日（发出招标文件至开标日期，一般不得超过两个月）。

评标结束时间：________年____月____日（从开标之日起至评标结束，一般不得超过一个月）。

开标、评标方式：建设单位邀请建设主管部门、建设银行和公证处（或工商行政管理部门）参加公开开标，审查证书，采取集体评议方式进行评标、定标工作。

中标依据及通知：本工程评定中标单位的依据是工程质量优良，工期适当，标价合理，社会信誉好，最低标价的投报单位不一定中标。所有投标企业的标价都高于标底时，如属标底计算错误，应予以调整；如标底无误，通过评标剔除不合理的部分，确定合理标价和中标企业。评定结束后五日内，招标单位通过邮寄（或专人送达）方式将中标通知书送发给中标单位，并与中标单位在一个月（最多不超过两个月）内与签订________建筑安装工程承包合同。

九、其他（略）。

本招标方承诺，本招标书一经发出，不得改变原定招标文件内容，否则，将赔偿由此给投标单位造成的损失。投标单位按照招标文件的要求，自费参加投标准备工作和投标，投标书（即标函）应按规定的格式填写，字迹必须清楚，必须加盖单位和代表人的印鉴。投标书必须密封，不得逾期寄达。投标书一经发出，不得以任何理由要求收回或更改。在招标过程中发生争议，如双方自行协商不成，由负责招标管理工作的部门调解仲裁，对仲裁不服，可诉诸法院。

建设单位（即招标单位）：______________________

地址：________________

联系人：________________

电话：________________

________年____月____日

附：施工图纸，勘察、设计资料和设计说明书（略）。

附表：建筑安装工程内容一览表（略）

评析：这份招标书，首段简明扼要写明招标目的和项目名称。接下来分条款详细陈述了招标事项、招标程序、其他事项及承诺。招标书格式规范，款项齐全。

【示例二】投标书

建筑安装工程投标书（标函）

____________（建设单位或招标办公室）：

在研究了贵单位建筑安装工程的招标条件和勘察、设计、施工图纸，以及参观了建筑工地以后，经我们认真研究核算，愿意承担上述全部工程的施工任务。

我们的投标书（标函）内容如下：

<table>
<tr><td rowspan="5">标函内容</td><td colspan="2">工程名称</td><td></td><td colspan="2">建筑地点</td><td></td></tr>
<tr><td colspan="2">建筑面积</td><td></td><td colspan="2">建筑层数</td><td></td></tr>
<tr><td colspan="2">结构形式</td><td></td><td colspan="2">设计单位</td><td></td></tr>
<tr><td colspan="2">工程内容</td><td colspan="4"></td></tr>
<tr><td colspan="2">包干形式</td><td colspan="4"></td></tr>
<tr><td rowspan="5">标价</td><td colspan="2">总造价</td><td></td><td colspan="2">每平方米造价</td><td></td></tr>
<tr><td rowspan="4">其中</td><td>直接费</td><td></td><td rowspan="4">其中</td><td>直接费</td><td></td></tr>
<tr><td>间接费</td><td></td><td>间接费</td><td></td></tr>
<tr><td>材料差价</td><td></td><td>材料差价</td><td></td></tr>
<tr><td>其他</td><td></td><td>其他</td><td></td></tr>
<tr><td rowspan="2">工期</td><td colspan="2">开工日期</td><td></td><td>竣工时期</td><td></td><td>合计天数</td><td></td></tr>
<tr><td colspan="2">形象进度</td><td colspan="5"></td></tr>
<tr><td>质量</td><td colspan="2">达到等级</td><td></td><td colspan="2">保证质量的措施</td><td></td></tr>
<tr><td>施工方法及选用施工机械</td><td colspan="6"></td></tr>
<tr><td>拟派出的项目负责人和工程师及其简历</td><td colspan="6"></td></tr>
</table>

我们的企业概况如下：

<table>
<tr><td>企业名称</td><td colspan="5"></td></tr>
<tr><td>地　址</td><td colspan="2"></td><td>所有制类别</td><td colspan="2"></td></tr>
<tr><td>审定企业施工级别</td><td colspan="2"></td><td>平均人数</td><td colspan="2"></td></tr>
<tr><td>企业简历
（包括成立年限）</td><td colspan="5"></td></tr>
<tr><td rowspan="2">技　术
力　量</td><td>工程师
以上人数</td><td>助工
人数</td><td>技术员
人数</td><td>五级以上
人数</td><td>平均技术
等级</td></tr>
<tr><td></td><td></td><td></td><td></td><td></td></tr>
<tr><td>施工机械
装备情况</td><td colspan="5"></td></tr>
<tr><td rowspan="2">营业执照</td><td>批准机关</td><td colspan="4"></td></tr>
<tr><td>执照号码</td><td colspan="4"></td></tr>
</table>

我们特此同意，在本投标书发出后的××天之内，我们都将受本投标书的约束，愿在这一期间（即从________年____月____日起至________年____月____日止）的任何时候接受贵单位的中标通知。一旦我们的投标被接纳，我们将与贵单位共同协调，按招标书所列条款的内容正式签署建筑安装工程施工合同，并切实按照合同的要求进行施工，保证按质、按量、按时完工。

我们承诺，本投标书一经寄出，不得以任何理由更改，中标后不得拒绝签订施工合同和施工；一旦本投标书中标，在签订正式合同之前，本投标书连同贵单位的中标通知，将构成我们与贵单位之间有法律约束力的协议文件。

投标单位：____________（公章）

法人代表：____________（签字盖章）

地址：____________

电话：____________

联系人：____________

投标日期：________年____月____日

评析：表格式的投标书，只需根据具体内容填写即可。前言部分写明投标的目的和依据，既而用表格文件的形式详细说明投标事项和企业概况，最后表明态度，并作出承诺。

第七课　市场预测报告

应知导航

(1) 了解市场预测报告的概念、作用、特点及种类。

(2) 了解市场预测报告的写作方法。

知识探究

一、市场预测报告的概念和作用

1. 市场预测报告的概念

市场预测报告简称市场预测，是根据市场调查的各种资料，运用经济科学的手段和方法，对未来市场发展趋势作出测算、判断而撰写的报告。

2. 市场预测报告的作用

(1) 有利于经营管理者作出科学的恰当的决策，制订切实可行的计划，使企业在满足市场需要、参与市场竞争中获得优势。

(2) 为决策部门编制经济发展计划、商品流通计划及企业生产计划提供依据。

(3) 有利于促进商品的供需平衡。

(4) 有利于提高企业的经济效益和社会效益。

二、市场预测报告的特点

(1) 科学性市场预测要建立在调查研究的基础之上，要经过认真的分析和论证，要运用先进和科学的方法。

(2) 综合性市场预测要对影响市场的各种因素进行全面的、系统的分析，得出正确的预测结果。

(3) 预见性预测要立足于现实，着眼于未来，对市场发展变化的趋势作出预见性的判断。

(4) 时效性预测要迅速、及时，以便随时针对情况作出反应。

三、市场预测报告的种类

根据不同的分类标准，市场预测报告可分为不同的种类。

从预测范围来分，可分为宏观预测报告和微观预测报告；按预测方法来分，可分为定性分析预测报告和定量分析预测报告；按预测期限来分，可分为长期（5年以上）市场预测报告，中期（1~4年）市场预测报告和短期（1年左右）市场预测报告。

写·作·指·南

一、市场预测报告的写作格式

市场预测报告主要由标题、正文和结尾3部分组成。

1. 标题

完整的市场预测报告标题包括4个要素：预测范围、预测时间、预测对象和文种，如《2007—2008年我国网络媒体发展前景的预测报告》。也可以省略其中一两个要素，但预测对象不能省略，如《北京市燕京啤酒需求量的预测报告》（省略预测时间）、《我国汽车工业发展趋势》（省略文种）。标题的形式可以用单标题也可以用“正题+副题”的双标题形式。

2. 正文

市场预测报告的正文由开头、主体和结语3部分组成。

（1）开头。开头又叫“前言”或“引言”。在前言中可以运用具有典型意义的材料对预测对象的历史和现状进行简要的说明，作为预测分析的基础；可以交代写作的目的和动机；可以初步揭示预测结论；可以介绍预测方法和过程；还可以开门见山，直陈其事。

（2）主体。这是报告的主要内容。首先，使用与市场未来发展趋势有直接关系的资料，具体介绍预测对象各方面的现状。然后，对已有的材料和相关数据进行分析、研究和计算，经过判断、推理，找出其中变化的规律，从而准确预测未来的发展趋势。

（3）结语。结语一般根据分析的结果，提出切实可行的建议。提出的建议要有针对性、具体、明确；还应具有可操作性，便于实施，最好能显示出创新意识。

3. 结尾

概括全文，用结论性的句式作结。有的将正文的结语就作为全文的结尾。

二、市场预测报告的写作要求

（1）明确目标、突出重点，有针对性地搜集材料，选用预测方法。

（2）周密分析、把握规律。市场变化是多种因素相互作用的结果，经过周密分析、把握市场变化的内在联系，准确判断以推测市场发展的趋势。

（3）语言朴实、表述准确。多采用朴实无华的语言，准确无误地表述。

【知识拓展】

【示例】市场预测报告

保健品市场预测报告

我国保健品市场经历了1994—1995年的鼎盛时期，以及1996—1997年的整顿与平滞阶段（由于一段时间，保健品市场假冒伪劣产品严重泛滥，使火热的营养保健品霎时间跌落低谷，出现了市场疲软）。1996 年，全国保健品产值跌至 200 亿元，1997 年又滑至 100 亿元，1998 年保健品行业属修整期，产值均在 100 亿元左右，已远远低于 1994 年 400 亿元的产值。

据有关资料显示，截至 1999 年底，我国保健品生产企业已发展到 3 500 家，产品达到3 000余种，产值达到 400 多亿元，2001 年我国保健品市场销售额约 500 亿元人民币。生产企业、产品品种以及产值均已达到或超过 1994—1995 年的鼎盛时期，产品质量不断提高，新兴产品不断涌现，促进了销售的不断增长，有的品类引人注目，销售情况也比较好，如年轻态、补钙类等；再则特定消费群体的产品，比如女性的“减肥养颜热”产品，学生的“卵磷脂补脑热”产品，农村的“补血热”产品等都有呈异军突起之势。（数据来源于 IMI 历年消费形态研究）

有数据显示消费者购买营养保健品时，最关注的是产品保健功能，其次是产品品牌信誉，再次是产品性价比。从目前保健品市场总体情况来看，名牌保健品的市场占有率在稳步上升。国内市场中不到 20% 的品种占据了 50% 的市场份额。这是保健品市场走向成熟的标志。有关专家预言，用高科技的手段去完善和发展的保健品产业，将迎来 21 世纪保健品消费的新热潮。

2001 年三季度保健品进入该行业普遍认同的旺销期，通过对一些终端及广告主、广告商的走访却发现今年保健品从各方面信息所得均反映在“国庆”及“中秋”双节中市场态势平平，今年的保健品市场可能又将是一个淡季，下面是据这一现象而作的一些浅析。

一、宏观政策影响

药健字产品是中国特有的一个产品类别，在国外只有食品与药品这两个品类概念，没有药健字号产品这一说。2001 年中国加入世贸组织，与国际接轨这一行业必须进行相关调整，再则国内保健品行业的“乱”也已引起各界关注，因此政府对保健品进行相关的调整亦是引导该行业正常发展之所需。

“2001 年起不再下批药健字批文，2003 年取缔保健药品……”现阶段的药健字产品到 2003 年只有 3 种可能的出路：①归入药品类；②归入保健食品类；③从市场中消失。药健字的产品即使是具有一定疗效，但厂家在现阶段还是更多地把自己作为一个可长期服用的产品来进行诉求，以期扩大目标消费群。

受国家政策影响，今年新品相对较少，行家分析，这与国家的医改有关。一部分以中药为原料、疗效确切的药健字号产品将申请药准字，大部分药健字号保健品将被改成食品类批准文号产品，企业开发保健品变得谨慎起来。受此影响，杭城各主要平面媒体在今年三季度保健品广告发单量与去年同期相比明显减少，呈下降趋势。

二、行业自身因素

“我国保健品市场已出现信任危机，不适应世界发展的趋势，应奋起直追迎接严峻挑战”——这是 2001 年 3 月 26 日在上海举行的“保健食品科技与发展国际研讨会”上传出的信息。据介绍，目前我国政府批准生产的保健食品约 3 000 种，进入市场的约 600 余种，其中主要功能为调节免疫、调节血脂、抗疲劳的产品约占62.2%。专家认为，由于保健食品的国家标准迟迟未能出台，市场监管力度不够，造成国内保健食品市场混乱，保健品生产低水平重复、科技含量低、产品质量不高。再加上虚假广告泛滥，使我国保健食品市场出现较严重的“信任危机”，也造成了国内保健品市场“屡战屡败、屡败屡起”的现象，无法适应世界保健品发展形势。

在终端方面我们走访了××医药股份有限公司中成药分公司，该公司是××规模较大的中成药和保健品销售公司，据该公司有关人士介绍，保健品销售今年下降了10%左右，而且，今年几乎没有保健新品推出。据业内人士分析，今年保健品滞销的主要原因是老百姓对保健品的消费变得理性了。专家指出，中国保健品市场存在三大弊端：第一，保健品片面夸大功效，甚至采取欺骗手法，这无异于杀鸡取卵自绝于消费者；第二，保健品企业急功近利，对保健品的研发投入不足；第三，保健品的广告投入成为保健品市场竞争的主旋律，造成“包治百病”的广告漫天飞，保健品行业广告挤进中国广告投放量前三名，而保健品却可能因为广告宣传夸大、不实或闪烁其词，诱导或误导消费者。这一现象在一些药健字产品中为甚，国家批准的保健药品可以具有的功能疗效被人为夸大、引申，结果消费者服用后没有效果却又申诉无门……这些现象在很大程度上影响了消费者的购买积极性，对整个行业开始产生不信任感。

三、消费者因素

1994—1995年保健品鼎盛时期，对这个新兴产业中国的消费者表现得极不成熟，“跟着广告走”，被动消费、盲目消费、畸形消费现象严重。急于“给健康投资”的消费者在对保健品的成分、作用机理、适用范围、功效等都没弄清楚，自己缺什么、该补什么、怎样补都不明白的情况下，乱买、乱服保健品。“广告挡不住”和“模仿消费”也是其中的重要原因。以前老百姓购买保健品是哪个时髦买哪个，现在觉得每种保健品都有适合的人群，别人适合的未必适合自己。在进补时间上，也并非集中在年底，而是什么时候身体需要就什么时候“补”。在市场销量的表现上，开始淡旺季区分淡化，品牌厂家会感觉到自己的产品在旺季销量方面表现平平，甚至会因此而感到惶恐，销量的下降绝不会是单方面的因素所导致的，特别是对一些行销思路明确，具有较好品牌形象的产品来说。由此可见，现阶段所谓的淡季将会是一个很好的市场切入点。

四、终端行销

有权威数据显示到终端购买产品的顾客指定品牌占70%，另外30%的人并没有明确的购买目的，这部分消费者主要靠产品包装、POP等终端宣传品的刺激和营业员导购实现购买；而指定品牌购买的消费者经过营业员的极力推荐，会有25%左右的人改变原意，从而购买推荐品牌。这是个相当高的比例，所以终端工作是基础工作中的重中之重。对排毒养颜类产品进行终端走访时，盘龙云海排毒养颜胶囊的终端认可度与推荐率稳居同行第一，在终端方面拥有着较好的建树。

五、竞品分析

排毒养颜类市场。排毒养颜市场是云南盘龙云海药业有限公司做起来的，它也是这个概念市场的最大受益者。但在“排毒养颜”这个“树荫”下已有不少乘凉的产品，如中国香港清波堂的清补养颜胶囊、广州一品堂的芦荟排毒胶囊、上海的双金爱生等，它们作为后来者，在行销方面亦有所成就，具有一定的产品知名度，但它们的市场始终处于一种跟进与胶着状态，它们的存在抢走了排毒养颜胶囊产品一定的市场份额，但是从总体上来说它们对排毒养颜胶囊的市场占有率与市场份额的影响不大。也有业界人士认为，养颜排毒这个市场已基本饱和，利润回报也不再像半年前那么丰厚了。

综上所述，现在仍属保健品行业的修整期，整个行业销售表现一般，没有热点产品。专家指出，21 世纪保健品的发展趋势是天然、安全和有效。保健品产业是一个综合性产业，需要多部门、多学科的联手，需要引入国外先进的技术和管理经验，需要形成现代化的、外向型的大型保健品集团，更要科学地、实事求是地开展保健品的广告宣传，为消费者创造良好的消费环境，引导消费者正确认识、使用保健品。

评析：这篇市场预测报告的标题包括预测对象和文种，正文的“前言”比较具体，能够运用典型材料对预测对象的历史和现状进行说明，并在此基础上初步揭示了预测结论。主体部分具体从影响保健品市场的几个不同角度走访对象作深入分析。正文的结语部分也是本文的结论部分，概括了预测结论，并提出了相关建议。这篇市场预测报告重点突出，分析周密。

第八课 经济活动分析报告

应知导航

(1) 了解经济活动分析报告的概念、种类及特点。

(2) 了解经济活动分析报告的写作方法。

知识探究

一、经济活动分析报告的概念和种类

1. 经济活动分析报告的概念

经济活动分析，是以党和国家经济方针政策和正确的经济理论为指导，以现实和历史的计划、会计、统计资料以及有关原始记录和调查材料为依据，对某一地区、某一行业、某一单位、某一部门的所有经济活动或某一项经济活动的情况，进行客观分析的一种行为。

经济活动分析报告就是反映经济活动分析内容和结果的书面报告。

2. 经济活动分析报告的种类

经济活动分析报告根据不同的标准，有不同的分类。

(1) 按范围划分，可分为宏观经济活动分析报告和微观经济活动分析报告。

(2) 按对象划分，可分为生产、销售、成本、财务等方面的分析报告。

(3) 按内容划分，可分为全面分析报告、简要分析报告和专题分析报告。

二、经济活动分析报告的特点

1. 写作的灵活性

经济活动分析报告的撰写非常灵活，无论是时间上还是形式上，或者是篇幅上，都具有灵活性，不受时间、形式、篇幅等的约束。

2. 对象的特定性

这指的是经济活动分析报告的对象即各种经济活动，它是专用于经济领域的一种总结性的文书。

3. 方法的专业性

方法的专业性即要运用一系列经济理论和专门的经济分析方法来进行分析研究。

4. 积极的指导性

经济活动分析报告主要是对过去和当前的经济活动中的成绩和问题、经验和教训作出分析，分析的结果对经济主管部门和企业克服消极因素、改善管理、挖掘潜力、提高经济效益会产生积极的指导作用。

写·作·指·南

一、经济活动分析报告的写作格式

经济活动分析报告由标题、正文、落款3部分组成。

1. 标题

标题可以分为公文式和非公文式。

(1) 公文式。由单位名称、事由、内容和文种4部分组成，如《××有限公司2011年销售状况分析报告》。有时可根据具体情况省略其中的一两项。如《数码照相机发展趋势分析》。

(2) 非公文式。非公文式的标题一般直接揭示分析问题的内容或观点，如《商品房价格攀升原因分析》。也可采用主标题和副标题结合的形式，如《扩大国际影响　加强管理效益——××公司销售成果分析》。

2. 正文

经济活动分析报告的正文一般包括前言、主体和结尾3部分。

(1) 前言。前言部分概括说明经济活动的基本情况，一般包括交代分析报告的目的、背景，提出分析报告的内容、范围等。

（2）主体。主体部分是分析报告的核心部分。包括情况介绍、原因分析和评价、意见或建议4项内容。

（3）结尾。结尾部分是全文的总结，通常是概述今后改进工作的意见或重申作者的观点。经济活动分析报告可以没有单独的结尾，一般在写完建议或意见后自然结束。

3. 落款

落款要写明分析报告的作者或单位名称，报告日期。

二、经济活动分析报告的写作要求

在经济活动分析报告的写作中，应该注意明确写作的对象，利用掌握的资料，用科学的分析方法，得到正确的观点。

【知识拓展】

【示例】

2008年上半年农业生产形势分析报告

今年，我市农业生产在国家进一步加大强农惠农政策的推动和粮油市场价格拉动的双重作用下，通过全市上下齐心协力，狠抓农业生产发展，确保农产品市场供应，取得了令人鼓舞的成效。目前，小春粮油大幅增产，大春生产呈现出良好的发展势头。全市农业和农村经济态势良好，农村社会保持稳定。现将上半年农业生产形势分析如下：

一、农业经济社会工作完成情况

（一）小春粮油喜获丰收。预计全市小春粮食作物完成84.18万亩，总产可达19.12万吨，比上年增产0.9万吨，增4.9%。其中小麦70.56万亩，总产16.38万吨，比上年增产0.75万吨，增4.8%；油菜预计达20.91万亩，比上年增加3.48万亩，增19.9%，油菜籽总产可达2.65万吨，比上年增产0.53万吨，增25.1%，油菜面积和产量双超历史最好水平。

（二）大春粮食作物长势良好。截至目前，全市大春作物除红苕尚在扫尾栽插外，水稻、玉米等作物大面积播栽工作已经结束。据市、区县农情部门统计，全市大春作物计划播栽250.3万亩，现已播栽245.8万亩，占计划的98.2%。其中水稻计划栽插122万亩，现已播栽122.5万亩。因今年雨水好，一些近几年未栽水稻的“望天田”，今年也栽上了秧苗，水稻栽插面积有所扩大，推广国颁三级以上优质稻面积达75.5万亩；玉米计划播栽52万亩，现已播栽50.91万亩，占计划97.9%；红苕计划播栽52.7万亩，现已播栽50.71万亩，占计划97.5%；时令蔬菜、水果大部分已采摘上市。目前，水稻、玉米等已栽种大春作物长势普遍好于上年。

（三）优势经济作物稳步发展。按照优势特色农业规划，我市沿“一江一路”（沱江沿岸、自荣路）38个乡镇建设以优质柑橘为主的果畜产业带和沿“三河流域”（越溪河、旭水河、沱江）23个乡镇大力发展稻——菜水旱轮作反季节大棚茄果类蔬菜，努力推进“一村一品，产业强村”建设，为新农村建设搭起产业支撑。

1. 蔬菜生产发展较快。上半年，全市蔬菜种植面积预计达31.23万亩，较上年同期的25.45万亩增长22.71%，总产量达64.74万吨，同比增产31.6%。蔬菜面积、产量增长较多，市场价格较去年同期下降8.6%。双孢蘑菇小区建设已规划落实1 000户到乡(镇)、村、组和农户，并与菌业公司签订了生产发展、技术指导、产品回收合同。

2. 夏季水果有增有减。受冰雪灾害影响，我市枇杷、樱桃受灾最严重，因花芽、幼果遭受了严重的冻害，出现大量落花落果而减产，其他梨、李、桃、柑橘预计呈增产趋势。水果市场价格攀升，其单价同比上升30%甚至50%以上，尤以枇杷、草莓价格上涨幅度最大，所以果农收入并没有因为产量减少，而出现收入减少的现象。

3. 蚕桑生产稳步发展。全市春蚕发种22 454张，夏蚕发种16 676张，春蚕比去年略增，而夏蚕减少13.41%。春茧产量606.6吨，同比减少7.9%。受国际市场影响，春茧收购均价16.46元/公斤，比去年有所下降。

4. 花卉生产。上半年全市新发展花卉900亩，花卉市场行情看好。

5. 茶叶生产。全市春茶产量1 700吨，比上年增产10%，春茶单价与去年基本持平，雪灾对明前茶的独芽有影响，芽头黑、干瘪，所以影响其质量和产量，但是春季后期温度回升快、雨水好，促进了春茶抽发和产量提高。

(四) 农村劳动力转移就业阳光工程培训。现已完成培训4 670人，占目标任务的77.83%。

(五) 建设高标准基本农田4.12万亩，占目标任务的84.08%。

(六) 已新建农村沼气池9 650口，占目标任务的50.79%。

二、存在的主要问题及原因分析

1. 以化肥为主的农资价格攀高，涨幅过大。受能源、交通等因素影响，以化肥为主的农资价格不断上涨，如尿素批发价2 200元/吨，比上年同期上涨10%以上，碳铵620元/吨，同比上涨47.62%。各类化肥价格比上年同期上涨30%以上；农药备品种价格也有15%~20%的不同涨幅；仅“两杂”种子价格与去年基本持平，少数品种略有下降。农资价格上涨，在一定程度上抵消了国家的惠农政策，影响了农民对生产的投入。

2. 我市农村劳力大量外出务工与留守族耕种务农困难的矛盾日趋突出，导致农村季节性劳力紧张，且农业劳动者掌握科技的能力在下降。据我局对500个农户的调查表明：500个农户有劳动力人口1 474人，占总人口的71%。其中常年外出务工556人，占37.7%，季节性务工397人，占26.9%，在家务农521人，占35.4%，且绝大部分是老弱病残妇。在家务农者，初中及小学以下学历占务农总数的97.17%。这是导致先进实用增产技术推广不快的主要原因。

3. 农业生产种植格局正发生变化。从调查和统计报表显示，我市小春种植面积出现小麦减油菜增、大春种植出现红苕减大豆增的种植趋势。再加之受农村劳力紧缺影响，个别地方甚至出现冬季休耕现象，这对于粮食产量的进一步提高增加了难度。

4. 农村土地承包纠纷较多。随着惠农政策的推出，农村土地经营效益明显提高，由此引发的土地纷争和农民上访明显上升。此外，历史上遗留下来的“轮换工”、“两劳人员”、“小城镇落户人员”、“婚嫁人员”承包地被农业社收回的问题十分突出。

5. 建立村社财务规范化管理的巩固机制还有不少困难。乡镇机构改革后，部分乡镇已无农经机构和农经干部，加之村社财务代管中心业务经费严重不足，使村社财务“双代管”这项量大面宽的工作受到了较大影响。

6. 在沼气建设上，由于物资、材料和技工工资涨价，建池成本不断增加，每口池成本比上年增加200~300元以上，农民积极性不高。而且，由于举家外出农户日益增多，生猪散养户不断减少，规模化养殖场数量逐年增加，适宜建池农户逐年减少，推广普及难度逐年增大。

三、下半年工作对策措施

1. 进一步抓好当前农业生产。一是加快抢栽扫尾进度，主要是抓紧红苕栽插扫尾，务求种满种尽；二是狠抓大春作物中后期田间肥水管理，促进平衡生长；三是加强水稻螟虫、稻瘟病等重大病虫的监测防治，及时有效地防治病虫灾害；四是及早谋划以再生稻为主的晚秋生产，突出抓好再生稻生产，以推进高产创建活动为抓手，以大示范带动大面积平衡生产，力争再生稻实现面积和总产双超历史最好水平。

2. 进一步深化农村改革，促进农村社会稳定。一要继续推行和完善村内“一事一议”筹资筹劳兴办农村公益事业的做法，减轻农民负担。二要全面规范完善农村土地承包合同，帮助指导“两镇、两湖、两带”农村土地股份合作制建设。三要巩固和完善村社财务“双代管”。

3. 集中精力抓好晚秋生产，狠促以再生稻为主的晚秋粮经作物发展。全市要以实施12 000亩中稻十再生稻高产示范工程为抓手，扩大蓄留再生稻达80万亩，增加有收面积至70万亩，比去年增加5万亩，努力提高单产水平，打好今年农业生产最后一个战役。

4. 突出特色，狠抓蔬菜、水果、蚕桑等特色产业带建设。以省容器苗补助为载体，结合实施“金土地”、“农综项目”等项目，推广柑橘容器苗，搞好秋季定植。新发展2万亩优质柑橘、1.5万亩特色蔬菜、桑、茶等，促进农民增收。

5. 进一步抓好农资执法及农产品质量监管，推进无公害基地建设，加强农业投入品日常执法监管，强化生产环节技术指导，逐步建立农业投入品使用记录及田间生产档案。组织检测机构对生产基地、批发市场、超市等的农产品质量开展执法抽检，确保农产品质量安全。

6. 继续抓好农业招商引资工作，承接农产品加工业的产业转移。组织参展第九届四川西博会，以期借助西博会这一重要平台，宣传我市特色农业，促进农业对外开放与交流合作，推进农业招商引资工作，努力在水果和蔬菜上培育出有较强带动力的农业专合组织或加工龙头企业。

总之，我市各级农业部门要进一步发展农业生产，努力实现多增产、多增收的奋斗目标，为支持重灾区重建家园，夺取抗震救灾最后胜利多作贡献。

××市农业局生产科

二〇〇八年七月二日

评析：这是一篇经济活动分析报告。文中主要分析了某市农业生产的形势，对农业经济社会工作的完成情况、存在的主要问题及原因分析以及今后的对策措施，均作了详细的说明。这篇经济活动分析报告的层次分明、内容完整、格式规范。

学以致用

1. 经济应用文是如何分类的，其特点有哪些？

2. 意向书有哪些特点？意向书的作用有哪些？

3. 经济合同的主要条款是什么？

4. 写作经济合同需要注意哪些问题？

5. 说明书由几部分组成？写作形式有哪几种？

6. 经济广告有哪些特点？

7. 广告语是经济广告中的常用形式，请举出几例报刊、广播、电视中给你印象深刻的广告语，分析这些广告语针对消费者什么心理来写的，分析它的作用。

8. 什么是市场预测报告？市场预测报告有哪些特点？

9. 根据所学内容，看看下面这份合同有哪些地方需要修改，并加以改正。

购销合同

订立合同单位：××县××供销社（以下简称甲方）

××工艺社（以下简称乙方）

甲方为了发展农村副业生产，保证市场供应，经与乙方商定同意以下几点，特签订本合同。

货物名称：草帽、草席。

规格：××××。

订购数量：草席 200 条，草帽 800 项。

价格：草席每条 12 元，草帽每项 3 元。

交货日期：10 月 5 日前。

交货地点：供销社仓库。

交货办法：由工艺社送到供销社仓库，不计运费。

付款办法：交货之时，当面结算，用现金结清。

违约责任：如有一方违约，致使另一方造成经济损失时应承担赔偿责任，货物的质量、品种、花色不合要求，乙方应负责退换，乙方延期交货，每日交延期交货部分货款总值 2% 的违约金；甲方延期付款，每日交延期付款部分 2% 的违约金。

甲方：

单位名称：××县××供销社（盖章）

代表人：高××（签字）

开户银行：××××××

银行账号：××××××××

乙方：

单位名称：××县××供销社（盖章）

代表人：高××（签字）

开户银行：××××××

银行账号：××××××××

签约日期：20××年6月20日

10. 根据以下材料，拟定一则广告。

鲜豆浆味美可口，富含蛋白质、维生素、氨基酸和铁、钙等微量元素，具有很高的营养和医疗保健功效。常喝豆浆，可软化血管，利尿防病，对糖尿病、心血管病等老年慢性病有很好的辅助疗效。还可调节人体内分泌功能，对女士防皱养颜有重要作用。豆浆不失为一种实惠的保健饮品。

一种崭新的厨房家电——××全自动多功能智能不粘豆浆机，在××全新上市。该机核心器件选用美国摩托罗拉产品，外观典雅大方，只需往机内加入黄豆和清水，通电后由微电脑控制，自动粉碎、过滤、加热熬煮，不用人照看，十几分钟即可做出香浓的熟豆浆，且豆浆做好后自动断电，声光提示报警。

除了做豆浆，××豆浆机还可以用来制作豆花等多种豆浆食品，而且豆渣还可供家庭主妇们做一次美容面膜，靓白肌肤。

专卖店：××市××路××号　　　　　　联系电话：×××××××××

11. 阅读下面一则国内招标公告，分析其内容与形式是否完整、清楚。

学术报告视听系统项目招标公告

一、招标编号：TGPC 2002－168。

二、招标项目内容：数字视频投影、会议扩声、舞台会议照明、舞台会标及幕布等设备以及系统集成。

三、发售标书时间及地点：2011年1月2日上午9：00起每日9：00～17：00（周六、周日除外）在××市政府采购中心发售标书。

四、开标时间及地点：2011年12月3日上午9：00在××区××路××号六楼会议室。

联系电话：×××××××××

联系人：×××

××市政府采购中心

2010年12月31日

开篇寄语

日常生活中，人与人的交流、人与集体的交往、集体与集体的交往中，需要各种口头的、书面的文字，即事务性应用文。它在人们处理日常事务，沟通信息，总结经验，研究问题，指导工作，规范行为的工作生活中发挥着重要作用。事务性应用文每种文体的结构格式各不相同，本篇将逐一详述。

事务篇

——事务管理指南

第一课 事务应用文概述

应知导航

（1）了解事务应用文的概念、作用及特点。

（2）通过比较，体会事务应用文与公文写作方法的异同。

知识探究

一、事务应用文的概念、作用

事务应用文是指党政机关、企事业单位、社会团体以及个人在社会活动和处理日常事务时普遍使用的一类应用文。事务应用文具有指导作用、依据和凭证作用、资料研究作用、行为规范作用和信息交流作用。

二、事务应用文的特点

1. 日常事务性

事务应用文主要是处理日常事务的一类应用文，尤以日常公务为主。公务性的事务应用文是党政机关、企事业单位、社会团体处理日常事务的业务文书，它有别于内容系统、体式完整、具有法律效力的公文，被称为“准公文”，其主要作用为方便管理、规范行为和交流经验。

2. 非专业性

事务应用文涉及的内容多为日常事务，具有非专业性的特点，有别于具有较强专业性的各类专业技术应用文，如法律应用文、经济应用文、科技应用文等。

3. 灵活性

事务应用文的格式是约定俗成的，是在实际应用中逐步形成的惯用格式，不像公文那样有严格要求，也没有公文那样严格规范的制作权限、行文规则和处理程序。另外，事务应用文常用的表达方式有说明、叙述和议论，也可以根据需要，适当灵活应用描写和抒情的表达方式，使语言表达生动、鲜活，以增强其感染力，如感谢信、慰问信、贺信、倡议书、海报等。

第二课 证明信 推荐信

应知导航

（1）了解证明信、推荐信的概念及种类。
（2）掌握证明信、推荐信的写作方法。

知识探究

一、证明信的概念及种类

证明信是机关、团体、企事业单位或个人为证明有关人员的身份、经历或事情的真实性而出具的专用书信。

证明信分为以组织名义发出的证明信和个人出具的证明信两类。前者多是组织证明曾在或现在本单位工作的员工的身份、经历或与本单位有关系的事情；后者由个人书写，证明有关人员、有关事项的真实情况。

二、推荐信的概念及种类

推荐信是向其他单位、团体或个人推荐人或物，以便对方采纳和接受的专用书信。

推荐信有他人推荐和自我推荐两种类型。自我推荐的书信也就是通常所说的自荐信，它是用书信的形式向单位作的自我介绍。

写·作·指·南

一、证明信的写作格式

（1）标题。在首行正中写明“证明信”或“证明”。

（2）称呼。标题下一行顶格处写收信者的名称。

（3）正文。另起一行空两格书写。正文是证明信的关键部分，要如实写清要证明的具体事实，如果附加有证明材料，要说明材料来源。

（4）结语。在正文下一行，空两格写“特此证明”。有的证明信最后再加上“此致敬礼”。

（5）落款。在结尾的右下方署上写证明信单位的名称并加盖公章。个人写的证明信署上个人的姓名并加盖私章，有时根据需要再由证明人所在单位审核盖章。在署名下一行写上出具证明的日期。

二、推荐信的写作格式

（1）标题。在首行正中写明“推荐信”或“自荐信”。

（2）称呼。标题下一行顶格处写收信单位名称或个人姓名、职务。

（3）正文。另起一行空两格书写。正文是推荐信的主要部分，一般包括陈述被推荐者的基本情况，值得推荐的理由以及推荐的目的（如希望对方考察、录用等）。

（4）结语。通常为表示祝颂的话语，如“此致敬礼”、“顺颂近安”之类。

（5）落款。在结尾的右下方署上推荐单位的全称并加盖公章或推荐人的姓名，在署名下一行写上推荐的日期。

【知识拓展】

【示例一】证明信

证　明

×××中学党支部：

××××年×月×日来信收到。根据信中要求，现将你校青年教师李××在我校就读期间的表现情况介绍如下：

李××于××××年×月至××××年×月就读于我校化学教育专业。读书期间，学习刻苦，勤奋好学，踏实肯干，成绩优秀，多次被评为校“三好学生”。

特此证明。

×××学院（盖章）

××××年×月×日

评析：这封证明信内容完整、格式规范。开头首先写明是应对方的要求出具这份证明。正文陈述被证明人经历的具体内容，表述清晰、完整。结语为惯用语，并写明证明单位和日期。

【示例二】推荐信

自荐信

尊敬的领导：

您好！

我是×××中等职业学校文秘专业的一名学生，即将面临毕业。

×××中等职业学校是我省××人才的重点培养基地，具有悠久的历史和优良的传统，并且素以实力雄厚、育人有方著称。在这样的学习环境下，无论是在知识能力，还是在个人素质修养方面，我都受益匪浅。几年来，在师友的严格教育及个人的努力下，我具备了扎实的专业基础知识，系统地掌握了××××、××××等有关技能；熟悉日常和涉外工作礼仪；具备较好的英语听、说、读、写能力；能熟练操作计算机办公软件。同时，我利用课余时间广泛地涉猎了大量书籍，不但充实了自己，也培养了自己多方面的技能。更重要的是，严谨的学风和端正的学习态度塑造了我朴实、稳重、创新的性格特点。

此外，我还积极参加各种社会活动，抓住每一个机会，锻炼自己。几年来，我深深地感受到，与优秀学生共事，使我在竞争中获益；向实际困难挑战，让我在挫折中成长。祖辈们教我勤奋、尽责、善良、正直；×××中等职业学校培养了我实事求是、开拓进取的作风。

我热爱贵单位所从事的事业，殷切地期望能够在您的领导下，为这一光荣的事业添砖加瓦，并且在实践中不断学习、进步。

祝愿贵单位事业蒸蒸日上！

自荐人：×××

××××年×月×日

评析：这是封自荐信。内容完整、格式规范。特别是具体描述个人的素质和能力，很有说服力。

第二课　感谢信　慰问信　贺信

应知导航

(1) 了解感谢信、慰问信及贺信的概念。

(2) 掌握感谢信、慰问信及贺信的写作方法。

知识探究

感谢信是得到对方的帮助、关怀和支持时为表示感谢而写的一种专用书信。

慰问信是以组织或个人名义向辛勤工作的集体或个人表示问候、慰劳或向烈军属、灾区人民、伤病员表示关怀和问候时使用的一种书信。借用电报形式拍发的又叫慰问电。

贺信是组织或个人向取得重大成就的集体或个人表示祝贺时使用的一种书信。借用电报形式拍发的又叫贺电。贺信既可以用来表彰、赞扬对方在某方面取得的巨大成就和作出的巨大贡献，又可以用于亲朋好友之间，对乔迁新居、寿辰、婚姻喜庆等表示祝贺。

写·作·指·南

一、感谢信的写作格式

1. 标题

在首行居中写“感谢信”或“致×××的感谢信”。

2. 称呼

第二行顶格写被感谢的单位名称或个人姓名、称谓。

3. 正文

正文主要写明感谢的内容并表达感激之情。首先，要交代清楚时间、地点、人物、事情的起因和结果，在叙述过程中要着重叙述在关键时刻对方给予的支持和帮助及其产生的效果和影响。其次，要热情赞颂对方的可贵精神，要做到态度诚恳、感情真挚。

4. 结语

通常为表示祝颂的话语，如“此致敬礼”、“致以诚挚的谢意”。

5. 落款

在结尾的右下方署上单位名称或个人姓名，在署名下一行写日期。

二、慰问信、贺信的写作格式

慰问信、贺信的格式和写法与感谢信基本相同，分为标题、称呼、正文、结语和落款5部分，所不同的是正文部分。慰问信的正文一般先写明慰问的背景、原因，以提起下文。接着叙述事实，可写遇到的困难事件本身或者介绍他人的事迹等，最后结合形势提出殷切的希望，或者表示共同的愿望和决心。贺信的正文要概括被祝贺者所取得的成绩，结合当时形势表示赞扬和祝贺，分析对方取得成绩的原因，最后要向对方提出希望或表达祝愿。

三、感谢信、慰问信、贺信的写作要求

1. 感谢信的写作要求

一是要把被感谢者的事迹叙述清楚，并适当加以评论，以突出事迹的深刻意义。二是表示谢意和学习决心，感情要真诚，评价要恰当。三是语言要得体，篇幅要简短。

2. 慰问信的写作要求

一是明确对象，分别情由。对在工作中有贡献的集体或个人，要肯定成绩，鼓励他们戒骄戒躁，继续努力；对遇到困难和挫折的集体或个人，则应突出理解其面临的处境，表示关怀和支持；在传统节日向特定对象（烈军属、离退休职工）慰问，则应表示问候和祝愿。二是语言要亲切、热情，富有感情色彩。

3. 贺信的写作要求

一是写贺信时态度要诚恳，感情要真挚，切不可虚情假意；二是内容要集中、单一，不谈与祝贺无关的事，避免用不吉祥的词语；三是对受贺者评价、赞颂要恰如其分；四是

措辞要得体，语调要热烈、欢快。

知识拓展

【示例一】感谢信

感谢信

××农科所：

在今年六月我乡玉米发生大面积虫害，严重影响生长的紧急时刻，贵所派出全部农业技术人员来我乡根治病虫害，你们深入田间地头调查研究，顶骄阳、冒大雨，不辞辛劳地走访农户数十家，耐心指导，避免了上千亩玉米绝收。目前作物长势良好，丰收在望。

在此，谨向你们热切的关心和敬业的精神表示由衷的感激！

我们决心在党的正确指引下，继续努力生产，以实际行动答谢你们的帮助和关怀。

此致

敬礼

××乡人民政府（公章）

二〇〇七年六月二十日

评析：这封感谢信态度诚恳、饱含感情。正文部分概括了主要事件，突出了对方给予的重要帮助，并真诚地表示谢意和决心。这封感谢信措辞得体，感情真挚，表达了群众对农科所的感激之情。

【示例二】慰问信

给春节期间坚守工作岗位的

职工及其家属的慰问信

全体职工及其家属同志们：

值此新春佳节之际，向你们致以节日的问候和崇高的敬礼！春节是中华民族的传统节日，历来受到人们的高度重视。在此期间，千家万户欢聚一堂辞旧迎新，亲朋好友举杯开怀叙情联谊，大家都陶醉在节日的欢乐气氛之中。可是你们——坚守工作岗位的职工同志，为了抢时间，争速度，为我国一项重点建设工程赶制成套优质设备，主动提出春节期间不休息，仍然紧张战斗在生产第一线；还有你们——我厂职工家属同志们，放弃节日欢聚，不仅没有怨言，有人还把饺子送到车间，并帮助工厂做些力所能及的劳动……所有这些，都充分显示了中国工人阶级的伟大胸怀和崇高的精神境界！你们这种大公无私的精神，值得称赞，值得学习，值得嘉奖！

同志们，春节期间你们虽然没有休息，没能同家人很好地团聚，但你们的春节却是过得最有意义的。厂领导感谢你们，全国人民感谢你们！让我们再次向你们表示亲切的慰问和衷心的感谢！

敬礼

春节好！

中共×××厂委员会

××××年×月×日

评析：这封慰问信，表现了厂领导对全体职工及家属的亲切关怀之情，并热情地赞颂了全体职工及家属的可贵品质和高尚风格。全文语气亲切、热情、诚恳。

【示例三】贺信

陈××致谢×出国留学的贺信

谢×学兄：

欣闻您已被美国加州大学录取，即将启程，远赴异域。这是您勤奋苦读成绩的显示，是您用辛勤汗水浇灌出来的硕果，我为您感到由衷的高兴，并祝愿您一路顺风，学业有成。

谢×，从此您将开始新的人生航程，一步一步走入神圣的科学殿堂，去摘取人类文明的桂冠。谢×，去吧！满载着祖国的重托，母亲的叮咛，朋友的期望去吧！请再一次接受我深深的祝愿，祝您一路顺风，学成归国，大展宏图。

陈××上

×月×日

评析：这封贺信分为两段。首段写明缘由，末段提出希望和祝愿。信中充满热情，表达了自己对友人的美好祝愿。

第四课 倡议书 建议书 申请书

应知导航

（1）了解倡议书、建议书及申请书的概念。

（2）掌握倡议书、建议书及申请书的写作方法。

知识探究

倡议书是个人或团体为开展某项活动，发出提议，号召大家积极响应而使用的一种书信。倡议书具有广泛的群众性，既可以对一个地区、一个系统发出倡议，又可以在全国范围内发出倡议。

建议书是就某一亟待解决的问题向他人、领导或团体提出自己主张时所使用的一种书信建议，使用范围广泛，针对性强。

申请书是个人或团体向组织、机关或单位领导表达某种愿望，提出某种请求时所使用的一种书信。申请书是沟通个人与组织、下级与上级的一种重要手段。

写·作·指·南

一、倡议书的写作格式

(1)标题。首行居中写“倡议书”或写明事项“关于×××的倡议书”。

(2)称呼。第二行顶格写号召的对象。

(3)正文。这是倡议书的核心部分，这一部分要组织和安排好行文结构，首先提出倡议的背景和目的，要写得概括、明确、简练；然后分条写倡议书的具体内容。

(4)结语。正文后另起一段概括地提出希望，号召大家响应和支持。这部分要富有鼓动性和号召力。倡议书结束后不写祝颂语。

(5)落款。在结尾的右下方署上倡议者名称，在署名下一行写上日期。

二、建议书的写作格式

(1)标题。在首行居中写“建议书”或写明事项“关于×××的建议”。

(2)称呼。第二行顶格写接收建议的单位名称或领导人姓名、职务。

(3)正文。首先写明建议的原因，说明建议所涉及的问题及其重要性，以突出建议的必要性和合理性。然后写明建议的具体事项，建议的项目若有多条，可以分条列项写清楚。

(4)结语。礼貌地表示建议有失偏颇，仅供参考，如“以上建议，不当之处，请批评”或“以上建议仅个人见解，冒昧提出，仅供参考”。也有的结语表达出希望建议被采纳的愿望。

(5)落款。在结尾的右下方署上建议者名称，在署名下一行写上日期。

三、申请书的写作格式

(1)标题。一般应写明申请内容，如首行居中写上“入团申请书”、“开业申请书”。

(2)称呼。第二行顶格写接收申请书的单位名称或领导人称呼。

(3)正文。正文部分包括向领导或组织提出申请的内容，写申请书的目的、意义及对这件事情的认识，最后表达自己的决心。

(4)结语。正文后写致敬语。

(5)落款。在结尾的右下方署上申请人名称，在署名下一行写上日期。

【知识拓展】

【示例一】倡议书

倡议书

××市建筑行业外来务工的同行们：

由市委宣传部、首都文明办、市委城建工委等8家单位在全市联合开展的“文明乘车从我做起”活动已于4月1日拉开了序幕。作为来自祖国各地的50万进××施工人员，有幸参加××的建设，我们感到由衷的光荣。我们深深感到，在××工作就要跟上建设现代化大都市的步伐，但我们大多从农村来到城市，无论在习惯上还是观念上都与大都市的要求有很大差距。在此，我们向全市建筑行业外来务工的同行们、朋友们发出倡议：全体外地来××施工人员立即动员起来，身体力行，努力做到：

第一，要提高对“建首善，创一流”目标的认识，增强建设×××争做×××文明市民的意识，积极投身到全市开展的“文明乘车从我做起”活动中来。我们要建设××，爱护××，自觉做到文明乘车，为××的建设和发展作出贡献。

第二，外地进××施工企业的党员、团员，要在“文明乘车从我做起”活动中，发挥先锋模范作用，同时做好本职工作，带动广大职工圆满完成×××工程及60项重大建设工程的任务，为城建系统争光，为家乡争光，为首都争光。

第三，要牢固树立公德意识，自觉遵守乘车秩序，有序上下车，礼貌让座，助人为乐，从一件小事做起，从身边的事做起，从今天做起，树立文明礼貌、热情大方的××市民新形象。

第四，要认真参加“做一名文明乘客，为文明乘车献计献策”讨论活动，发动同伴，互相提醒，尊老爱幼，遵守和维护乘车秩序。做到语言文明，仪表文明，把“文明乘车从我做起”活动扎扎实实开展起来。

让我们每一名外地进××施工人员和全市人民一道，为共建文明乘车秩序，树立良好道德风尚，作出我们的贡献。

××省××市第三建筑集团公司全体施工人员

二〇〇五年四月二十五日

评析：这份倡议书，正文首段写明倡议缘由，既而用“努力做到”过渡到具体内容，具体内容分条逐一列出，层次分明、目的明确、条理清楚。最后提出希望、言辞恳切，落款写明倡议者和日期，内容完整，格式规范。

【示例二】建议书

建议书

××市场管理处：

本市开放农副产品贸易市场以来，既方便了群众生活，又增加了农民收入，深受广大群众欢迎。市场管理部门在稳定市场物价、打击投机倒把工作中取得了显著成效，保证了农村贸易市场的健康发展。市场繁荣、工农两利，这是一件大好事。然而随之带来了一些亟待解决的问题，这便是挤、脏、乱现象日益严重。夏季临近，为了进一步活跃市场，改善管理，做到既方便生活，又保证卫生，我提出以下几点建议：

一、“挤”是因为人多、摊多、车多所致。建议酌情扩大现有市场面积和另辟新的市场，在市场出口处设立存车处，禁止自行车、三轮车和机动车在市场穿行，保证市场交通畅通。

二、“脏”是由于不及时清扫、不注意保持清洁所致。建议用砖石、竹片、铁筋等砌制一些简易柜台、货架，画线编号，对号设摊；并添置一些铝制、塑料容器，登记出租。这样既保持市场整齐，又方便买卖交易。

三、“乱”是由于一些商贩违规摆摊设点所致。建议卫生监督管理人员定期对农贸市场进行整顿，严禁违规摆摊设点。对于无视市场秩序，屡教不改者进行相应的经济处罚。

以上建议仅是个人之见，冒昧提出，仅供参考。

此致

敬礼

××市××中学 常××

××××年×月×日

评析：这封建议书结构完整，内容具体，正文首先写明了建议的原因和目的，既而用“我提出以下几点建议”过渡到具体内容，并分条列出，条理清楚，合情合理。最后用谦逊语结尾，落款注明建议人和日期。

【示例三】申请书

助学申请书

尊敬的中国农业银行东海分理处领导：

我是××大学经济管理系2009级财政与金融专业学生王丽，女，身份证号：××××××××××11064712。为了继续求学，顺利完成学业，我向贵行提出申请助学贷款，希望可以获得适当的帮助！

由于家庭经济贫困，全家上下6口人的生活来源仅靠双亲单薄的农业收入，加上爷爷病重，常年在床无法下地行走，弟弟还在读书，每年必须从家里拿出大部分的收入来供给我和弟弟的学业。父母亲的担子一天比一天重了，身体状态也大不如从前了，如今已经无力支付我所在学校专业的高额学杂费。平日里虽然全家省吃俭用，假日里我出去打工，但所得收入离我的学费还相差很多。

本人愿意遵守与贵行所签订的贷款合同所有条款并承担相应法律责任和经济责任；认真履行相应义务，按时交利息并到期还本付息；在学校遵守规章制度，认真学习，争取把每分钱都用在该用的地方。恳请领导给予批准支持，不胜感激。

此致

敬礼

申请人：王丽

××××年×月×日

评析：这份申请书言辞恳切、态度诚恳。正文首先指出申请内容，然后主要叙述了申请原因，最后表达出自己的决心，行文流畅、目的明确、层次分明。

第五课 计划

应知导航

（1）了解计划的概念及特点。

（2）掌握计划的写作方法。

【知识探究】

一、计划的概念

计划是党政机关、企事业单位、社会团体或个人在开展工作或行动以前，预先拟定具体内容或展开步骤而形成的文书。

计划有许多别称，如规划、纲要、方案、设想、打算、安排等，都属于计划的范畴。只是这些别称根据时间长短和内容详略有所区别。规划，是一种比较全面的长远的发展计划，如《东山经济开发区远景规划》。纲要，是一种远期的、全面的、较概括的计划，但与规划相比原则性、指导性更强，如《全民健身计划纲要》。方案，是一种针对某项工作提出的具体周密的且专业性、单一性较强的工作计划，如《星辉科技开发公司电子仪器设备引进方案》。设想、打算，是一种初步的、预备性的，有待于进一步完善的非正式计划，如《育才职业技术学校人事制度改革设想》。安排，是一种时间短、范围小、内容具体、侧重实施的计划，如《新兴职业技术学校 2012 年寒假工作安排》。

二、计划的特点

（1）预见性。计划都是先于要进行的实践活动而制订的，它要预先考虑到做什么，如何做，实施过程中可能遇到什么情况和问题，应采取哪些相应的对策等。

（2）目的性。计划都是为达到某个目标、完成某项任务而制订的，具有明确的目的性。目的是否实现也是检验一项计划最终效果的尺度。

（3）可行性。制订计划必须从实际出发，量力而行。一项计划为实现预期目标，必须有切实可靠的措施与方法。

写·作·指·南

计划的常见结构形式有 3 种：①条款式，它将计划的正文部分分为若干条款，逐一说明，一般的计划都采用此格式；②表格式，它常用于对内容单一的具体事项的安排，如财务计划、销售计划等；③兼备条款式和表格式两种格式。

条款式计划一般由标题、正文、落款 3 部分组成。

（1）标题。即计划的名称，写在首行居中，一般包括制订计划的单位名称、执行计划的时间、事项和文种，如《××学校 2007 年开展植树造林美化校园的活动计划》。

（2）正文。即计划的内容，一般包括 3 部分：开头、主体和结尾。

开头部分也称前言、导言，写明制订计划的指导思想、目的和基本情况，这是制订计划的基础。一般常用“特制订计划如下”等过渡语导入下文。

主体部分是计划的核心，它由目标、步骤、措施 3 项内容组成，称为计划的三要素。

目标：包括指标、任务或工作项目等内容。目标要写得具体明确，以便计划的执行者心中有数。

步骤：即先做什么，后做什么，主要抓什么，其次抓什么；每一步何时完成，达到什么程度。步骤要环环紧扣，步步落实。

措施：写明怎样利用条件，采取哪些办法，克服什么困难，下属部门如何分工合作，各负什么责任等。措施要写得全面、切实、具体。

以上三要素缺一不可。这3条内容，在具体写法上，目标一般要单列。措施、步骤以及这两条中的时间、责任者等内容，可以分别列段、列项书写，也可以作为一体。

结尾部分是对正文的补充，可以用简短的语言提出号召和希望；也可以对前景进行展望，给人以鼓舞；还可以写完成计划的信心和决心。

（3）落款。一般应在正文右下方署名，日期写在署名的下一行。如在标题中已写出制订计划的单位名称，可以不署名。

表格式计划是把计划的任务等内容列成表格。对于任务项目多、数据多而无需多加说明的计划（如生产进度计划、营销计划）可采用这种形式。它的优点是方便阅读，一目了然。

【知识拓展】

【示例】表格式计划

公共关系培训班面授辅导计划

时间	辅导课程	主讲人	其他事项
4月2日下午1：30～4：30	应用文概论	郭安	发教材
4月9日下午1：30～4：30	日常应用文	张波	
4月16日下午1：30～4：30	行政公文	吴珢	发模拟试卷
4月23日下午1：30～4：30	经济应用文	沈君	发模拟试卷和准考证
5月5日下午1：30～4：30	总复习	杨铭	

注：（1）上课地点均在××学院综合大楼8楼123教室

（2）培训班联系电话：××××××××

（3）联系人：××

评析：这份表格式计划，内容简洁，目标明确，清晰、醒目，便于把握。

第六课　总结

【应知导航】

（1）了解总结的概念及特点。

（2）掌握总结的写作方法。

【知识探究】

一、总结的概念

总结是对某个时期的学习、工作或某活动进行分析、评价，从中归纳经验与教训，以提高水平，促进今后学习与工作的一种应用文。

二、总结的特点

（1）回顾性。总结是在工作经过一定阶段后进行的，是对过去工作的回顾。

（2）指导性。回顾过去是为了指导未来，这是总结的目的与意义。

（3）真实性。总结中对于成绩与问题的认识必须基于对事实的正确分析和研究。总结要能客观反映实际情况，事例、数据必须完全真实。

写·作·指·南

总结和条款式计划一样，也是由标题、正文和落款 3 部分组成的。

1. 标题

总结的标题一般有以下 3 种写法。

（1）文件式标题。一般由单位名称、时间、内容及文种构成。这类标题比较严肃，向上级呈报的总结中较为常用，如《××市××职业学校 2011 年教学改革工作总结》。

（2）文章式标题。在一行标题中概括出总结的主要内容或基本观点，标题中不出现“总结”字样，如《加强科学管理是企业发展的关键》。

（3）综合式标题。一般由正题和副题组成。正题采用文章式标题的形式，概括总结的主要内容；副题采用文件式标题的形式，写明单位、时间、内容、文种，如

坚持党的领导，促进文艺繁荣

——××市 2011 年文艺工作总结

2. 正文

正文一般包括开头、主体和结尾 3 部分。

（1）开头。简明扼要地介绍某个阶段工作或任务的基本情况（时间、地点、背景、工作进程、总体收获等），然后用“现将工作情况总结如下”一语过渡。

（2）主体。通过对基本情况进行综合分析研究后，详细、具体地阐述主要收获和成绩，经验和体会，存在的问题和教训。正文的主体部分是总结的关键所在。具体写作上要求观点明确突出，材料典型充实，将观点与材料相统一，有点有面，有分析概括。这部分篇幅大，思想内容丰富，写作时可根据需要分别采取分块式和过程式结构形式。分块式，即分为收获成绩、经验体会及教训等几块来写，前后有序。过程式，是以工作过程为序，把工作分成几个阶段，然后按工作过程的阶段、步骤，归纳出相应的经验教训。

（3）结尾。主要写今后打算和努力方向，也有的把存在问题写在这一部分，然后再写

今后的改进意见和设想。这部分要写得简洁、明确。

3. 落款

总结的署名有两种形式，一是在正文的右下方写单位名称或个人姓名，二是在标题下面署名。总结日期写在署名之后，若署名在标题下的，右下方落款处写日期。

【知识拓展】

【示例】总结

××县委督查室职员2005年度个人工作总结

今年，我从通讯员岗位转到督查岗位后，在办公室领导和机关全体同志的关怀、帮助和支持下，紧紧围绕县委督查室的中心工作，充分发挥岗位职能，不断改进工作方法，提高工作效率，以“服从领导、团结同志、认真学习、扎实工作”为准则，始终坚持高标准、严要求，较好地完成了各项工作任务。我始终把学习放在重要位置，努力在提高自身综合素质上下工夫。在政治学习方面，通过学习邓小平理论及“三个代表”的重要思想，进一步增强了党性，提高了自己的政治洞察力，牢固树立了全心全意为人民服务的宗旨和正确的世界观、人生观、价值观。现将本人2005年的具体工作总结如下。

一、一年来的工作表现

（一）强化形象，提高自身素质。为做好督查工作，我坚持严格要求自己，注重以身作则，以诚待人。一是爱岗敬业讲奉献。综合部门的工作最大的规律就是“无规律”，因此，我正确认识自身的工作和价值，正确处理苦与乐、得与失、个人利益和集体利益的关系，坚持甘于奉献、诚实敬业。二是锤炼业务讲提高。经过半年的学习和锻炼，自己在文字功夫上取得了一定的进步，撰写督查专报12份、调研报告10余篇。利用办公室学习资料传阅或为各部门校稿的同时，细心学习他人长处，改掉自己不足，并虚心向领导、同事请教，在不断学习和探索中使自己在文字材料上有所提高。

（二）严于律己，不断加强作风建设。一年来我对自身严格要求，始终把耐得平淡、舍得付出、默默无闻作为自己的准则，始终把作风建设的重点放在严谨、细致、扎实、求实、脚踏实地、埋头苦干上。在工作中，以制度、纪律规范自己的一切言行，严格遵守机关各项规章制度，尊重领导，团结同志，谦虚谨慎，主动接受来自各方面的意见，不断改进工作。坚持做到不利于机关形象的事不做，不利于机关形象的话不说，积极维护机关的良好形象。

（三）强化职能，做好服务工作。工作中，我注重把握根本，努力提高服务水平。科室人手少，工作量大，这就需要科室人员团结协作。在这一年里，遇到各类活动和会议，我都积极配合做好会务工作，与同事心往一处想，劲往一处使，不会计较干得多，干得少，只希望把工作圆满完成。

二、工作中的不足与今后的努力方向

一年来的工作虽然取得了一定的成绩，但也存在一些不足，主要是思想解放程度还不够，学习、服务上还不够，对政治理论和文字基础的学习抓得还不够紧，学习的系统性和深度还不够，和有经验的同事比较还有一定差距。材料上还在基本格式上徘徊，内容上缺少纵深挖掘的延伸。在今后工作中，我一定认真总结经验，克服不足，努力把工作做得更好。

（一）发扬吃苦耐劳精神。面对督查事务杂、任务重的工作性质，不怕吃苦，主动找事干，做到“眼勤、嘴勤、手勤、腿勤”，积极适应各种艰苦环境，在繁重的工作中磨炼意志，增长才干。

（二）发扬孜孜不倦的进取精神。加强学习，勇于实践，博览群书，在向书本学习的同时，注意收集各类信息，广泛吸取各种“营养”；同时，讲究学习方法，端正学习态度，提高学习效率，努力培养自己扎实的理论功底、辩证的思维方法、正确的思想观点、踏实的工作作风。力求把工作做得更好，树立办公室的良好形象。

（三）当好助手。对各项决策和出现的问题，及时提出合理化建议和解决办法供领导参考。

三、对办公室及科室的建议

（一）建议增强各科室工作积极性。建议办公室与各科室实施年度目标责任制，各科室之间实施竞争激励机制，通过竞争激励机制，奖励先进，鞭策后进，进一步加强机关思想作风建设，更好地为全县发展服务。

（二）建议增强科室工作主动性。建议完成领导交办事项之余，抽出时间搞几项专项督查，占据主动性，更好地为领导搞好服务。

总之，一年来，我做了一定的工作，也取得了一些成绩，但距领导和同志们的要求还有不少的差距。在今后的工作中，我将发扬成绩，克服不足，以对工作、对事业高度负责的态度，脚踏实地，尽职尽责地做好各项工作，不辜负领导和同志们对我的期望。

××县委督查室文员：××

2005 年 12 月 30 日

评析：这篇年度个人工作总结采用文件式标题。首段交代了工作的基本情况，并用“现将……具体工作总结如下。”引入主体部分，主体分为三个部分，每一个部分都采用条款式详细陈述，层次分明，结构完整。落款注明署名和日期。

第七课　会议记录

应知导航

（1）了解会议记录的概念、种类及特点。

（2）区分会议记录与会议纪要。

（3）掌握会议记录的写作方法。

知识探究

一、会议记录的概念和种类

会议记录是在开会过程中由专门的记录人员把会议基本情况、会议内容如实记录下来的一种应用文样式。会议记录是会议情况的笔录，是了解会议情况的原始依据。

会议记录可以作为会后传达会议精神、执行会议决议、撰写会议纪要以及上报会议情况的重要依据。同时，它也是回顾、检查、总结工作或分析、研究、部署下一步工作的依据资料。重要的会议记录还应当加以整理，存档备查，这种会议的原始记录便成了弥足珍贵的历史资料。

常见的会议记录有两种：详细记录和摘要式记录。详细记录要求对每个人的发言内容作完整、准确的记录。摘要式记录只提纲挈领地记录会议上报告或传达的事情、讨论的问题、通过的决议等，不必详细记录讨论时每个发言人的讲谈情况，一般会议常采用这种形式。

二、会议记录的特点

（1）实录性。会议记录要求记录员如实记录会议内容，不允许在记录过程中加入个人观点，更不能弄虚作假。

（2）具体性。会议内容要具体，尽可能做完整记录，特别是内容的要点不能漏记或少记。

（3）及时性。记录要迅速及时，特别是录音、录像须和记录对象的运动同步进行，笔记也要紧随其后，在记录对象的语速下快步运行。短暂的迟疑、停顿就有可能导致记录内容的遗漏、错乱；较长时间的间隔则易造成记录的失真。因此，记录是一项专业性较强的工作，必须要有相应的速度才能满足其时限的要求。

写·作·指·南

一、会议记录的写作格式

会议记录由标题、会议组织情况、会议内容和尾部 4 大部分构成。

1. 标题

标题有两种写法：一种是“会议名称 + 记录”，如《××市职教中心退休干部春节座谈会记录》；另一种是“会议内容 + 记录”，如《××酒店关于加强国庆节消防安全工作会记录》。

2. 会议组织情况

会议组织情况包括会议的时间、地点、出席人、缺席人、列席人、主持人、记录人和议题 8 项内容。

时间：写清楚年、月、日、时、分，如 2011 年 7 月 10 日上午 8 时 30 分。

地点：写清楚开会的具体地点。

出席人：一般会议由记录员记录出席人姓名，顺序按出席人职务排列，出席人多时可只写出席人员的范围，如“××学校××年级全体教师”。重要会议应由出席者亲自签到。

缺席人：重大会议或缺席人数不多时，应写上缺席人的姓名，缺席原因，如“王小因病未到”；缺席人数多，原因又一时难以查清时，可只写缺席人数。

列席人：它是指不属于本次会议的正式成员，但与会议有关的人员。重要的人员要写清其姓名、职务。

主持人：应写清会议主持人的姓名、职务。

记录人：写上记录人员的姓名，有几个写几个，必要时注明其职务。

议题：即本会议讨论的中心问题。它可以从会议通知、主持人的开场白或会议内容中归纳出来。

有的单位有会议记录专用笺，以表格形式印好，会前填好即可。与上述内容略微不同的是，它的标题部分是统一的“单位名称＋会议记录专用笺”，在下方待填项的“时间”栏前有一项“会议名称”。“新丽酒店会议记录专用笺”如下所示：

新丽酒店会议记录专用笺

会议名称：________________

时　　间：________________

地　　点：________________

出　　席：________________

缺　　席：________________

列　　席：________________

主 持 人：________________

记 录 人：________________

议　　题：________________

3. 会议内容

会议内容是会议记录的主体部分，要认真记录。会议内容包括主持人开场白、主题报告、与会者讨论发言和会议决议 4 项内容。

主持人开场白：通常主持人在这里会传达出会议意图，应重点记录。

主题报告：如果发言者没有书面讲话稿，详细记录时要完整记下发言内容，摘要记录时记录下发言人的讲话要点即可。如果发言者有书面讲话稿，只需记录下报告题目，写明“内容见附件”。

与会者讨论发言：注明发言人的姓名，职务可在姓名后加小括号注明。然后按发言顺序记录下每位发言人的发言内容。

会议决议：即会议最后形成的结果。决议内容有的来自于主持人的总结讲话，有的需要从表决发言的内容中提炼。有些会议经过讨论，没有达成一致意见，无法形成决议，在记录中要注明“暂不决议”。

4. 尾部

会议到此结束，应在会议内容后另起一段写“散会”，有时记录人还在“散会”二字前注明时间，如“×时×分散会”。在“散会”的右下方签上记录人姓名，交主持人过目后签上主持人姓名。

二、会议记录的写作方法

1. 详细记录

详细记录也称实录，要求把会议的全部情况，包括个人发言的全部内容尽可能记录下来。对于重要的发言，不仅要求完整无遗地记录发言内容，而且还要把发言者的语气、表情、语言风格以及会场气氛都记录下来。

2. 摘要记录

摘要记录也称简录，即提纲挈领地作重点记录，简明地反映会议内容的要点。对于会议情况，着重记录议题、议程、结论意见、决议事项等，而不反映一般的进程。对于与会者的发言，着重记录中心意思、发言要点。一般性会议、一般性发言通常采用摘要记录。

另外，对于一些重要的会议还可以采用现代电子声像技术手段进行录音摄像。会议现场录制的录音、录像也可以作为一种特殊的会议记录，根据录音，既可以整理成详细记录，又可以整理成摘要记录。

三、会议记录的写作要求

想一想

会议记录的要求是什么？

怎样才能加快书写的速度？

会议记录要求快速、准确、全面、清楚。快速，即书写速度快，要求记录者具备速记知识，掌握一些快记方法。准确，则要求记录能客观地反映会议内容，准确地记录发言者的本意。因此，记录者要集中精力听发言，专心致志做记录。全面，即要求记录内容要全面、完整，与主题有关的内容不能有缺漏。清楚，即记录内容书写要整洁，标点要用好，否则会增加会后查阅的困难。

【知识拓展】

【示例】会议记录

××学院第×次办公会议记录

时间：××××年×月×日

地点：学校第一会议室

出席人：罗××（院长），吴××（总务处长），黄××（院长办公室主任），谢××（院长办公秘书）及各部门主要负责人

缺席人：朱××，王×（到省府开会）

主持人：罗××（院长）

记录人：谢××（院长办公室秘书）

议题：我院如何抓好行政费用的合理开支

（一）报告

1. 吴××（总务处长）报告院基本建设进展情况。

2. 主持人传达省人民政府《关于压缩行政经费的通知》（以下简称《通知》）。

（二）讨论

我院如何按照省人民政府的《通知》精神，抓好行政费用的合理开支，切实做到既勤俭节约，又不致影响正常教学、科研等活动的开展。

（三）决议

1. 利用两个半天时间组织有关人员集中传达学习《通知》精神，提高认识，统一思想。

2. 各系各单位负责人在认真学习的基础上利用下周政治学习时间向群众传达、宣传。

3. 各系各单位责成有关人员根据《通知》的压缩指标，重新审查和修订本年度行政经费开支预算，并于两周内报院长办公室。

4. 各系各单位必须严格控制派出外校学习和开会的人数，财务部门更要严格把关。

5. 利用学习和贯彻《通知》精神的机会，对全院师生员工普遍开展一次勤俭节约、艰苦朴素的传统教育。

散会。

主持人：罗××（签名）

记录人：谢××（签名）

××××年×月×日

评析：这份摘要式会议记录，标题采用完全式，全文格式规范，表达明确。会议的内容分为报告、讨论和决议三个部分，层次清晰。全文对会议传达的事情、讨论的问题和通过的决议进行了简明扼要的摘要式记录。另外，由于篇幅有限，讨论部分发言人的谈话要点，这里没有列出。

第八课 简报

应知导航

（1）了解简报的概念、特点及种类。

（2）掌握简报的写作方法。

知识探究

一、简报的概念

简报，就是信息和情况的简要报道，也称“简讯”、“情况交流”、“情况反映”、“内部参考”，它是单位内部为迅速反映日常工作和业务活动情况而编发的带有新闻性质的书面材料。简报的编发不仅便于上级领导及时了解掌握下情，为领导机关制定方针政策提供可靠的依据，也便于下级单位正确领会上级的有关指示和工作意图，及时得到指导和帮助，并参照落实，而且还便于平级单位之间沟通情况，交流经验，探讨问题，并作为工作参考，取长补短，彼此协调，互相配合，加快工作步伐。另外，简报也可为报刊、杂志、电台、电视台的宣传工作提供线索和资料。

二、简报的特点

（1）简。每篇简报文章一般只反映一件事，而且篇幅多限于千字以内。

（2）快。简报由单位内部编发，内容简明扼要，形式简便灵活，反映情况、传递信息更加迅速、及时。

（3）新。简报报道单位内部发生的新情况、新问题、新经验。

（4）准。简报报道身边事，事件、人物、时间、地点，各种数据真实可靠。

三、简报的种类

简报按时间分，有定期简报和不定期简报；按性质和内容分，有情况简报、会议简报、动态简报等。

（1）情况简报又称为工作简报、业务简报，是一种反映本地区、本系统、本部门日常工作或问题的经常性简报。情况简报包含的内容较广，既有国家的方针政策及上级指示又有工作情况、成绩与问题、经验教训、表扬与批评，还包括对上级某些政策或指示执行的步骤、措施等。

（2）会议简报是会议期间反映会议情况的简报。它是一种临时性的简报，内容包括会议期间领导的重要讲话、会议中的发言情况、会议期间的活动、会议决定等。规模较大、时间较长的会议要编发多期简报，以起到及时交流情况，推动会议的作用。小型会议一般是一会一期简报，常常在会议结束后，写一期较全面的总结性的情况反映。

（3）动态简报是迅速、及时反映近期发生的新情况、新动向的简报。动态简报包括情况动态和思想动态两种：情况动态主要反映本部门、本系统的工作情况；思想动态主要用于反映社会各阶层对国家方针政策的认识，社会上出现的新观念，各界群众的思想状况等。这类简报一般时效性、机密性较强，要求迅速编发，发送范围有一定限制，在某一个时期、某一阶段要保密。

写·作·指·南

简报格式一般包括报头、报体和报尾3部分。

（1）报头在简报首页的上方，约占整页的三分之一，用一条横线与下方的正文隔开。报头包括以下几个要素。

简报名称：简报的名称很多，最常用的是“工作简报”、“会议简报”。一般政府机关的简报名称需要用套红印刷。

期数：在简报名称下方用小号字注明“第×期”。如果是多期简报，应在“第×期”后再加括号注明“总第×期”。

编发单位：在期数的左下角顶格写具体名称，如“中共×区委办公室编”。

印发时间：在与编发单位平行的右侧注明××××年×月×日。

编号、密级：有的简报在报头的右上侧注明编号，有的还在左上侧注明“内部刊物 注意保存”字样，如果需要秘密等级时在左上侧注明。

（2）报体分为标题和正文两部分。

①标题。简报的标题多用单行式标题，揭示文章的主旨和主要内容。双行式标题常见于会议简报中，正标题揭示会议的主题，副标题补充说明会议的名称。

另外，内容重要的简报，在标题前常常有按语，即编者按，说明编发这份简报的原因或目的，以引起读者的重视。按语多数是根据单位领导同志意见撰写的，具有指导性，一般用于主管单位下发给所属基层单位的简报。

②正文。一般包括导语、主体和结尾 3 部分。导语部分要用极其简洁明确的几句话或一段话，概括总结全文的中心或主要内容，点出主题，一般要交代清楚什么人，在什么时候，做了什么事，结果怎样。主体部分是简报的主干，要用有说服力的典型材料，把开头主题的内容加以具体化。这部分的结构方式主要有按照事情发生、发展的先后过程来写；按照事情的内在联系来写，如上级主管综合几个下属机关工作情况的简报或反映同一工作不同方面情况的简报；按照提出问题、分析问题、解决问题的逻辑顺序来写。结尾部分，可以用几句话小结前面内容，概括、深化主题，以加深读者的印象，如指明事物的发展趋势，发出具体号召或提出今后的打算。

简报报体部分根据不同的情况可以选择不同的编辑形式，既可以由一篇报道组成，又可以由一组短讯组成。

（3）报尾一般用两条平行横线标明报尾部分，写明印发范围及份数。

简报式样如下。

秘　密

× ×简 报

第×期

×××××编　　　　　　　　　　　　××××年×月×日

［编者按］……………………………………………………………………………………
……………………。

标　题

正文：…………………………………………………………………………………………
………………………………………………………………………………………………………
…………………………………………………………。

报送：×××、×××、××××××

抄送：××××××、××××××、××××

（共印××份）

注：虚线框仅为示意，实际并不印出。

【知识拓展】

【示例】简报

全省榨菜试验示范现场考察会议简报

第1期

浙江省农业厅农作物管理局编　　　　　　　　　　二〇〇六年四月七月

全省榨菜试验示范现场考察会议近日召开

为加快我省榨菜新品种及适用增产技术的推广应用，进一步提升产业竞争力，浙江省农业厅农作物管理局组织开展了全省榨菜高产示范方及品种比较试验，并于3月29—30日专门召开了全省榨菜试验示范现场考察会。来自榨菜主产区的余姚、慈溪、上虞、萧山、瑞安、桐乡、海宁等市（区）农业局，勿忘农集团和浙江大学园艺系等单位的有关领导、专家和农技人员参加会议。

会议考察了我省榨菜浙北产区的桐乡、海宁和浙东产区上虞、余姚、慈溪、萧山及宁波市科院的榨菜品种试验区及高产示范方现场，对参加品种比较试验的“浙丰3号”、“桐农1号”、“潮丰1号”、“缩头种”、“余缩1号”、“香螺种”及勿忘农集团选育的杂交品种“惠园早”等榨菜品种品系的品种特性、田间长势、整齐度、抗病性等性状进行综合考评。

会上还集中交流了各地榨菜生产现状、存在问题及发展经验，并就我省榨菜品种、标准化栽培技术、产业化发展等榨菜发展对策进行了研讨。浙江大学汪炳良教授分析介绍了我省榨菜品种选育及栽培技术研究方面的情况与发展思路；省农业厅农作物管理局潘慧锋副局长主持会议并讲话；推广研究员赵建阳科长介绍了全省榨菜产业发展情况，并对参试榨菜品种情况进行了说明，布置了榨菜品种比较试验考种工作。

会议认为，我省榨菜产业是全国两个重点产区之一。榨菜是我省传统的特色优势加工蔬菜和主要冬季蔬菜，常年栽培面积稳定在40万亩左右，年产量120万吨，位居全国第一。榨菜生产为农业增效、农民增收和发展冬季农业发挥了重要作用。我省榨菜产业具有区域化布局、规模化生产等鲜明特点，且全省榨菜加工企业稳步壮大，产业化格局进一步扩大。全省榨菜主产区集中在浙北的桐乡、海宁，浙东的余姚、慈溪、上虞，以及浙南的瑞安等县（市区），围绕原料生产基地，发展聚集了一大批榨菜加工企业，形成了较大的榨菜经济份额。

会议分析了我省榨菜产业的进一步发展面临的主要问题和制约因素。一是榨菜良种覆盖率低，虽然各地选育出“浙桐1号”、“浙丰3号”、“潮丰1号”、“余缩1号”等不少榨菜品种品系，但总的推广比例不高，未成为主导品种，集约化供种水平低，与榨菜产业发展要求不适应。二是生产上栽培技术到位率低，各地农技部门总结了标准化的无公害栽培技术，制定了栽培技术规程，但生产应用上仍然突出存在“病（病毒病）、空（空心）、抽（先期抽薹）、冻（冻害）”等危害因素，造成榨菜减产甚至绝收，给榨菜生产造成较大威胁。三是产业化程度仍有待提高，我省榨菜生产主要还是靠农户千家万户自发种植为主，订单率徘徊在35%的水平，原料价格在年份之间波动较大，抵御市场风险能力弱，榨菜加工企业品牌多但小而乱，名牌效应需进一步提升。

代表们一致认为，要增强进一步发展壮大全省榨菜产业的信心和责任心。当前重点开展以下方面的工作：一是加大榨菜品种选育推广力度，抓好榨菜品种育繁工作。榨菜品种选育科研单位和各地农技推广部门一方面要进一步提高品种综合性状，选育推广适合当地栽培模式的优良品种；同时要加大优良品种示范推广力度，提高良种覆盖率。二是提高标准化栽培技术到位率，要继续深入研究适合当地的高效栽培模式及配套栽培技术。因地制宜，大力示范推广以桑园、果园或晚稻套种，稻畈田、海涂地种植等模式，通过适期播种，防虫网覆盖培育无病壮苗，适当提高种植密度，增施磷钾肥，综合防治病毒病，适期采收等无公害综合栽培技术措施，确保技术到位率，基本解决生产中存在的“病毒病、空心、先期抽薹、冻害”等制约因素。三是结合当地实际，稳步拓展榨菜种植区域。例如：浙南瑞安等地可充分利用丰富的水稻后作冬闲田、充足的光温源，发挥榨菜上市早品质好等优势；浙北浙东利用桑园、葡萄园、梨园冬季空闲地套种榨菜，实现绿色过冬，增加农民收入的发展潜力和空间很大。通过政策扶持引导，加大开发力度，促进当地榨菜加工产业的发展。四是要大力提高产业化程度。通过进行产业整合，发展区域化特色品产品，扶强扶优一批榨菜加工龙头企业，培育做大做强榨菜品牌，使产业集聚，解决小而散的问题。积极组建专业合作社，发展“农户＋专业合作社”的生产方式，企业和农户实行订单种，提高组织化程度，规避市场风险。

报送：×××、×××、×××××

抄送：×××××、×××××、×××

（共印××份）

评析：这份会议简报格式规范、内容完整。首先用简明的语言，概括说明本次会议的概况，召开的目的、时间、地点、与会者情况，既而对会议内容进行报道，介绍了会议考察情况。内容简明扼要，传递了最新的有价值的信息。

第九课 调查报告

应知导航

（1）了解调查报告的概念、特点及种类。

（2）掌握调查报告的写作方法。

【知识探究】

一、调查报告的概念

调查报告是经过深入切实的调查和认真的分析研究之后，把能反映事物客观性、本质性、规律性的调查结果陈述出来的一种应用文。形成调查报告要经过3个阶段：一是通过对某一事件、现象、问题进行有目的、有准备、有方法的深入调查，从而占有丰富的材料；二是对材料进行科学的分析研究，揭示事物的本质，从中找出规律性的东西，得出正确的结论；三是把情况、分析和结论写成叙述结合的陈述性的书面材料。

二、调查报告的特点

（1）针对性。调查报告要有明确的针对性。要根据实际需要，有选择地调查研究各种社会现象和问题，尤其是群众普遍关心和迫切要求解决的问题。调查报告的针对性越强，它的作用就越大。

（2）真实性。调查报告是以事实为基础的，它以真实的材料为依据来透析客观存在的问题。信息可靠，材料准确，是调查报告的基础。

（3）典型性。选定的调查对象和使用的材料必须具有典型意义。只有根据典型材料写的调查报告，才具有普遍指导意义。

（4）分析性。有了真实的材料和典型的事例，并不等于有了调查报告。要对已经掌握的各种材料进行分析研究，通过对事实的概括叙述和说明，揭示出事物的本质和规律，最后得出正确结论。调查报告的写作主要采用的是夹叙夹议的表达方式。

三、调查报告的种类

按所反映的内容分，主要有以下几类。

（1）反映情况的调查报告。侧重较全面地反映某地区、某单位、某行业某一方面的基本情况或综合情况，或说明基本面貌及发展趋势。

（2）介绍经验的调查报告。反映经验创造的过程、具体做法及所取得的成效功绩等。

（3）揭露问题的调查报告。着重以调查得到的事实材料，揭露和分析问题，归纳总结教训，或是提出解决意见，或是呼吁重视。

（4）研究问题的调查报告。针对实际存在的有一定代表性或某种倾向性的问题，侧重反映问题的特点，分析问题存在的原因，提出切实可行的解决问题的意见、措施。

写·作·指·南

调查报告一般分为标题、正文和署名3个组成部分。

1. 标题

标题一般用简短的语句概括调查报告的中心内容。标题有两种形式，即单行式标题和双行式标题。单行标题一种是公文式的，通常由“事由 + 文种”组成，如《关于 × × 超市选址的调查报告》；另一种是文章式的，像人们一般写文章一样拟定标题，如《提高职业的科学文化素质是当务之急》。双行标题由正题和副题组成，正题揭示主题，副标题在正标题下一行，前面加破折号指明调查的内容和范围，如

同一地区的农村经济为什么发展有快有慢？

——廊坊市郊区 200 个村的调查

2. 正文

调查报告的正文由前言、主体和结尾 3 个部分组成。

（1）前言。前言的作用是为主体部分的展开作准备，常见的写法有叙述式和议论试。

①叙述式，即用简短的几句话概括介绍调查的目的、对象、时间、地点、内容、方法等。

②议论式，即用议论的方式揭示所要调查的问题的重要意义或点出报告的主要内容，有的采用设问式或自问自答式，点出报告的主要内容，引起读者的进一步关注。

（2）主体。这是正文的核心部分，是对前言的进一步展开。这一部分既要具体地报告调查中发现的有关事实情况，如事实的经过、典型的事例、精确的数据、具体的做法、群众的反映等，又要在事实的基础上进行提炼，引发认识，阐述观点，说明成绩与经验教训。主体部分的结构形式有以下 3 种。

①纵式结构，即以调查的前后顺序或事物发展变化的过程顺序来组织材料。

②横式结构，即按问题的性质或事物的特点来组织材料，把有关材料分门别类地归纳入各种性质或特点之中，多用小标题来标明各类问题与情况的性质、特点。

③纵横结合式，兼有“纵式”和“横式”的特点，总体上按时间顺序安排材料，在具体展开时又分类叙述。

（3）结尾。它的中心内容是小结调查的过程和主要结果，陈述调查研究的结论。有的调查报告还可以在此阐明所调查现象产生或形成的原因、具有的影响，并提出解决的办法或建议等。结尾部分要求语言要精练，陈述要明确，可以简明扼要地列出几点，清晰地表明调查研究的主要结果以及研究者的看法和观点。

3. 署名

调查报告的署名有两种方式：一是写在文尾右下方，注明单位名称和作者姓名；二是写在标题的下一行居中。

【知识拓展】

【示例】调查报告

七城市居民家庭怎样理财

北京勺海市场调查有限公司

家庭理财对于中国城市居民特别是大城市居民来说，已不是一个陌生的概念。这一概念流行的背后是人们可自由支配收入的不断增长和金融市场化程度的逐渐提高。有人称，中国已进入大众投资时代。

那么，今日中国大城市居民家庭究竟是如何选择各种理财方式的呢？北京勺海市场调查有限公司前不久受中国工商银行总行储蓄部的委托，在北京、上海、广州、武汉、重庆、西安和沈阳七城市范围内进行了一项题为《中国工商银行储蓄服务》的入户抽样调查，其中有关居民理财风格的调查，在一定程度上回答了这个问题。

上海家庭理财手段最多

七城市调查结果表明，在去掉基本生活费开支后，居民家庭可自由支配的月平均收入为874元。平均每个居民家庭有2~3种理财方式，突破了过去银行储蓄“一枝独秀”的格局。

理财多元化程度最高的是上海人，平均有2~9种理财方式，而且拥有5种以上（含5种）理财方式的家庭比例最高，为7.8%。理财方式多元化程度最低的是武汉人和沈阳人，这两个城市的家庭平均理财种类不超过2种，低于总体平均水平。

存款占据六成份额

尽管可自由支配收入的蛋糕越做越大，各种理财方式从这块蛋糕上所切的份额却大不相同。调查显示，银行储蓄、股票、国库券、保险及其他债券等理财方式，在居民家庭中具有不同的“财政”地位。

七城市中几乎家家都有存款，不同城市居民家庭存款在家庭金融资产中所占的比例却不尽相同。存款所占比例最高的是沈阳，为75%，最低的是上海，为53%。

城市之间的差别，反映的是各地金融市场活跃的程度以及人们金融投资观念和投资技巧的差异。在金融市场比较活跃、居民投资知识丰富的地区，如上海，金融资产分流的趋势比较明显，居民银行储蓄比例相对于其他城市比较低；而在金融市场不够发达和活跃的其他城市，尤其是沈阳，金融资产仍然集中在传统的渠道，居民银行储蓄比例相对较高。

半数以上家庭青睐国库券

1995年开始，我国的国库券发行一改原有发行方式单一、券种单一的形式，进入市场化的发行交易形式。众多的券种、不同的发行期、忽高忽低的利率，使老百姓对国库券的高流动、高收益和低风险有了认识，国库券也由过去的“爱国券”形象变为“金边债券”。

调查结果显示，国库券已经深入到城市居民家庭，成为城市居民家庭理财的重要组成部分。在七个城市中，57%的家庭拥有数额不等的国库券。

上海人拥有国库券的比例最高，武汉人拥有国库券的比例最低，两者相差达30个以上百分点。

1/4家庭有股票

去年以来，国家取消保值储蓄及降低存款利率政策的出台，对各地老百姓的储蓄和投资行为产生了比较大的影响，而股票及其遍及全国的迅速增值传说吸引了老百姓的目光。

本次调查结果表明，七城市有将近四分之一（24%）的居民家庭拥有股票。上海家庭拥有股票的比例高达40%，大大高于其他城市。作为首都的北京只有11%的居民家庭持股。

1/4家庭买保险

保险是1996年我国经济改革力度最大、最活跃的市场，当年相继有8家全国性和2家区域性保险股份公司宣告正式开业，各种国有、合资和外资保险公司数目达到20多家。保险的观念正为越来越多的城市居民所熟悉。在七个城市中，26% 的居民家庭已经拥有不同类别的保险。

上海再一次显示出家庭金融资产多元化的特点，41% 的居民家庭拥有保险，位于七个城市之首，广州和西安其次，北京和重庆第三，而武汉与沈阳则明显低于平均水平，处于最后。

总之，调查反映了我国大城市居民投资已呈现出多元化风格。而各地金融市场活跃的程度以及人们金融投资观念和投资技巧的差异，是造成各城市投资方式呈现差异的根本原因。在金融市场比较活跃、居民投资知识丰富的地区，如上海，投资理财的多样化比较明显，金融资产呈现分流趋势。

评析：这篇市场调查报告，层次分明，内容完整、格式规范。前言部分包括第一、二段，主要写明所调查问题的社会背景，揭示了该问题的重要意义。主体部分采用模式结构，分 5 个部分展开分析研究，主要对 7 个城市居民的投资理财情况进行对比说明。最后对所研究的问题进行总结。

第十课 规章制度

【应知导航】

（1）了解规章制度的概念、种类及特点。

（2）了解规章制度的写作方法。

【知识探究】

一、规章制度的概念和种类

规章制度是国家机关、社会团体、企事业单位在不违背国家法律、法规的前提下，为建立正常的工作、学习、生产、生活秩序而制定的一种具有法规性、指导性与约束力的文书。规章制度包括行政法规、章程、制度和公约 4 大类，各大类又包括不同的小类别，如表 10－1 所示。

表 10-1 规章制度种类表

类别	文种	内容和作用	制发者	举例
行政法规类	条例	对某一方面的行政工作作比较全面、系统的规定，具有法律性质的文件	国家最高权力机关、最高行政机关（国务院各部门和地方人民政府制定的规章不得称“条例”）	《中华人民共和国信息网络传播权保护条例》
	规定	对某一项行政工作作部分的规定，是法律、政策、方针的具体化形式，是处理问题的法则	国务院各部委、各级人民政府及所属机关	工业和信息化部《互联网电子公告服务管理规定》
	办法	对某一项行政工作作比较具体的规定，包括处理某些问题的具体方法、标准	同上	《互联网信息服务管理办法》
	细则	对实施“条例”规定“办法”作详细、具体或补充的规定，对贯彻方针、政策起具体说明和指导作用	同上	《广东省社会养老保险实施细则》
章程	章程	政党或社会团体用以说明该组织的宗旨、性质、组织原则、机构设置、职责范围等的纲领性文件，具有准则性和约束性的作用	政党、社会团体	《中国共产党章程》
制度	制度	有关单位和部门制定要求所属人员共同遵守的准则	机关团体、企事业单位及其部门	《安全生产制度》 《小企业会计制度》
	规则	有关部门为维护劳动纪律和公共利益而制定的要求大家遵守的条规	同上	《道路交通安全规则》
	规程	生产单位或科研机构，为了保证质量，使工作、试验、生产按程序进行而制定的一些具体规定	同上	《浅海采油与井下作业安全规程》
	守则	机关团体、企事业单位要求其成员遵守的行为准则	同上	《中学生守则》 《汽车驾驶员守则》
	须知	有关单位、部门为了维护正常秩序，搞好某项具体活动，完成某项工作而制定的具有指导性、规定性的守则	有关单位、部门	《旅游须知》 《考生须知》

续表

类别	文种	内容和作用	制发者	举例
公约	公约	人民群众或团体经协商决议而制定出的共同遵守的准则，对参加协议者有约束力	人民群众、团体	《全国青少年网络文明公约》

二、规章制度的特点

（1）具有强制性和约束力。规章制度一经正式公布将强制或约束有关人员必须执行。规章制度不允许做的就不能去做，否则将受到相应的处分、处罚或公众谴责。

（2）内容全面和具体。规章制度的制订要周全，要具体规定能做什么，不能做什么，不能有遗漏，不能给违规者提供可乘之机。

> **知识链接**
>
> 我国规章制度的条款层次，可依次分为编、章、节、条、款、项、目。

（3）表达直接和严谨。为便于执行和遵守，规章制度的内容都应当直截了当地提出来，不能模棱两可，不能用夸张、比拟、委婉等手法，以保证它切实可行。在表达上还要措辞严谨，必须无懈可击。

（4）形式条文化。为了便于记忆、引用、查找，规章制度一般都采用条文形式。它的条款层次，简短的只分“条”，一般较长的分“章”、“条”，有的“条”下还分“款”。全文分条列款，一目了然。

写·作·指·南

一、规章制度的写作格式

规章制度的结构通常分为标题、正文和落款3部分。

1. 标题

应标明制发机关单位的名称、事由和文种，如《中华人民共和国交通管理条例》。有的只标明事由和文种，如《图书借阅制度》。如果所制定的规章制度是试行或暂行的，则可在标题内写明，也可在标题后或在下面加括号注明，如《广东省中等职业学校教学管理工作规程（试行）》或《广东省中等职业学校教学管理工作试行规程》。

2. 正文

这是规章制度的具体内容部分，一般都是分条列出，做到层次清楚、结构严谨。

（1）条目式。内容比较简单、条文不多的规章制度，可以先写一个前言，说明依据、目的，然后用“特制定本条例（制度、规定……）”过渡，下文用条目表达，按内容的轻重、主次安排顺序，一一分条写清楚。也有的不用前言，直接用条文表达。

（2）章条式。将正文分为总则、分则、附则3部分。每一部分根据内容多少分若干章，每章分若干条。总则是第一章，说明制定的缘由、依据、目的、意义、有关原则精神及总的要求等。分则是正文的主体，分章分条逐一说明具体内容。附则说明该规章制度的生效日期，制定、修改、解释的权限及对其他未尽事宜的补充说明。附则可以单独成章，也可以附在最后不单独成章。

3. 落款

在文尾右下角签署制定本规章制度的单位名称和发文日期。如果在标题中出现单位名称，且在标题下注明发文日期的，落款可以省略。

【知识拓展】

【示例】规定

××集团公司办公用品管理制度

××××年×月×日

为加强我公司办公用品使用的管理，节约开支、避免浪费，特制定本管理制度。

一、办公用品分类

1. 常用品：圆珠笔（芯）、水笔（芯）、铅笔、橡皮、墨水、胶水、回形针、大头针、装订针、稿纸。

2. 控制品：名片、文件夹、压杆夹、文件架、计算器、订书机、笔记本、会议记录本、信封、笔筒、钢笔、白板笔、水彩笔、固体胶、胶带、标签纸、涂改液、更正带、档案盒、档案袋、皮筋、刀片、图钉、票夹、印台（油）、量具、刀具、软盘、刻录盘。

3. 特批品（不列入办公用品费用考核）：印刷品（各类宣传单、各类表格、文件头等），财务账本、凭证，苹果机彩色墨盒及打印纸，U盘等。

二、办公用品使用对象

各公司主管以上管理人员、职能和业务部门员工，具体由各公司核定。

三、申购和采购

办公用品常用品由人事行政部门根据消耗情况进行申购备领，控制品和特批品由使用部门（人）提出申购，控制品经各公司总经理批准，特批品经董事长批准；批准后的《申购单》交采购中心执行购买。未填写《申购单》及未经领导批准擅自购买的不予报销。

四、管理和发放

1. 办公用品由人事行政部门统一保管，并指定保管人，按公司核定的费用标准向使用人发放。

2. 采购人员应将所采购的物品交保管人办理登记入库手续，保管人根据采购价格核定物品单价，计入领用部门（人）费用，并在每月终填报《办公用品使用情况汇总表》。

3. 各部门应指定专人领取办公用品。

五、各部门费用核定及有关规定

1. 各公司各部门应按总部核定的办公用品费用定额标准严格把好申购和领用关。保管人不得超标发放办公用品，确因工作需要超标领用的，应经分管领导同意。

2. 核定的费用实行增人增费、减人减费，各部门增人或减人，其费用由人事行政部门根据人员变动情况进行调整。

3. 各部门因特殊情况需增加费用的，应以书面形式报批，经分管领导审核后，由总经理特批，并报请总部增加该项费用。

4. 办公用品使用实行月统计年结算，截止时间为每月终和年终12月31日。由人事行政部门出具报表，财务部审核。超支费用在超支人年终奖金中扣除，节约费用计入下年度使用。

六、其他规定

1. 各部门要控制和合理使用办公用品，杜绝浪费现象。水笔芯、圆珠笔芯、胶水、墨水、涂改液、计算器等办公用品重新领用时应以旧换新。

2. 凡调出或离职人员在办理离职或交接手续时，应将所领用的办公用品（一次性消耗品除外）如数归还。有缺失的应照价赔偿，否则不予办理有关手续。

3. 办公设备的耗材及维修费用。

（1）电脑、打印机、复印机、传真机等办公设备的耗材及维修费用，总部另定定额标准。属多个公司共用的，按集团总部规定的标准进行分摊；属各部门或个人保管使用的，计入所在公司定额费用。

（2）耗材包括：打印、复印纸，激光打印机碳粉、硒鼓，针式打印机色带，喷墨打印机墨盒（水），复印机碳粉，传真纸，鼠标，键盘等；其申购由设备使用部门（人）负责，并经总经理批准，属多个公司共用的，由指定管理公司的人事行政部门负责申购。

（3）办公设备的报修参照耗材申购程序办理。

七、本制度自下发之日起执行。

（来源：知行经理人之家网）

评析：这篇管理制度，标题采用完全式，正文采用条目式，层次清晰、内容完整。针对公司内部办公用品管理的具体制度，写得可操作性强，对于实施的要求和具体程度写得具体而明确。

*第十一课　启事　海报

应知导航

（1）了解启事、海报的概念、特点及种类。

（2）了解启事、海报的写作方法。

知识探究

一、启事、海报的概念

启事是机关团体、企事业单位或个人公开声明某件事情所使用的告知性的应用文。“启”是“陈述”的意思，“启事”是公开陈述事情，其目的是请求获得帮助或提请公众注意。

海报是指某些单位或团体向广大人民群众报道，介绍有关影视、文娱、体育活动或报告会的消息时所使用的招贴性应用文。海报，一般贴于剧院、电影院、体育场、院校等门口或群众聚集的地方。

二、启事、海报的特点

1. 启事的特点

（1）内容的广泛性。启事的内容涉及广泛，能用于各种事宜。企事业单位、机关团体、个人都可以用它来发布信息。

（2）告知的回应性。启事不同于只是向社会“告知”的声明，它要求通过告知得到社会上广泛的回应，以解决自己的某件事宜。

（3）参与的自主性。启事不具有强制性和约束力。启事的对象可根据自己的意愿选择参与或不参与。

闲言碎语

人们旧时通常把职业性的戏剧表演称为“海”，从事职业性戏剧表演称为“下海”，作为剧团演出信息的张贴物便称为，“海报”。

（4）传播的新闻性。启事通过张贴和报刊、广播、电视等各种新闻媒体公开传播消息，对广大公众来说，启事就是广告性消息，具有新闻的特性。

2. 海报的特点

（1）限定性。海报的使用范围有限，只适用于告知举办文娱、体育活动、报告会或介绍影视片等方面的消息。

（2）宣传性。海报是一种告知性的应用文，它是将活动信息告知公众，起到宣传作用。

（3）灵活性。相比较其他应用文而言，海报在形式上较为灵活、生动，通常用美观的版面设计吸引公众。海报既有文字海报，又有图文结合的海报，常用色彩鲜艳的纸张制作，有时文字也用彩色颜料书写，有的还配有精致的美术图案。

三、启事、海报的种类

启事的种类很多，大体上有这样几类：一是征招类的，如招聘启事、招生启事、招工启事、征稿启事、征集启事等；二是声明类的，如遗失启事、聘请启事、迁移启事、更名启事、开业启事、竞赛启事等；三是寻找类的，如寻人启事、寻物启事等。

海报根据内容可划分为不同的种类，常见的有电影海报、戏剧海报、联欢晚会海报、体育赛事海报、报告会海报等。

写·作·指·南

一、启事的写作格式

1. 标题

标题位于首行正中。启事的标题有3种形式：一是只写文种名称“启事”；二是“事由+文种”，如《寻物启事》；三是“单位名称+事由+文种”，如《××公司招聘技术人员启事》。

2. 正文

正文是启事的主要内容，一般要写清楚目的、意义、原因、要求、特征、条件等。通常有直陈式写法和总分式写法。

直陈式：直接陈述有关的事情和要求，可以写成一段也可以分段写。

总分式：先写一个前言，简要交代写启事的缘由、目的。接下来可以另起一行分条写明启事的具体事项。

启事正文的写作要有针对性，因启事性质、种类的不同而不同，要注意取舍。

3. 落款

落款处要署全名，如果是单位要加盖公章。署名之后，要写上发启事的日期。根据内容的需要，也可附上联系方式，如电话、地址、交通路线图等。

二、海报的写作格式

1. 标题

海报的标题位置可根据版面设计灵活安排。标题的形式有3种：一是直接用“海报”二字作标题；二是用事由作标题，如《舞会》、《优秀摄影作品展》等；三是由“主办单位+内容”构成，如《安阳市代表团演出豫剧》。

2. 正文

海报的正文要写明活动的目的、意义，活动的主要项目，举办时间、地点、方法等。有的也可以省略目的、意义，直接用一段话或分列条目的形式写明活动的具体事项。有的海报还会在正文结尾处加上富有感染力的标语，以吸引公众。

3. 尾部

在结尾处说明主办单位名称和日期。如果在标题或正文中已经写明了主办单位的，结尾处可以省略。

【知识拓展】

【示例一】征订启事

《××××》杂志征订启事

《××××》杂志以广大青少年，特别是中学生为主要阅读对象。它主要为广大青少年文学爱好者提供发表小说、散文、诗歌等文艺作品的机会。它是青少年的良师益友，为文学新人搭建成功阶梯。

《××××》杂志每月15日出版，16开本，每期48页，每本定价14元。欢迎订阅。

《××××》杂志编辑部

2011年11月20日

评析： 这是一则为扩大发行量而写的征订启事。首先介绍了杂志的性质、读者对象和内容。然后写明了杂志的出版时间、开本、定价，以增强广大读者订阅的欲望。

【示例二】海报

校园歌手大赛

你想拥有万人之上，一呼百应的激动场面吗？

你想成为周围星星中最闪亮的那颗吗？

或是你已经厌倦了周围平凡如沙子一样的枯燥生活；

你已经为成为明日的闪亮之星而蓄势待发。

这一切的一切，难道只是在教室里托着腮帮的遐想？

非也非也！成功不再是梦，赶快来参加我们的in-pop校园歌手大赛吧！

让激情在这里迸发，让梦想在这里飞扬，用歌声来演绎全新的校园生活。

本次活动身高不限，样貌不限，IQ不限，只需要你有一颗果敢的心。

时间：5月20日下午14：30

地点：综合楼二楼多媒体教室

我们还招募广大的支持者，届时为你心仪的选手加油呼喊。如果你已经心动，那就速与本班的文艺委员联系吧！

××学生会文艺部

××××年×月×日

评析： 这则海报采用问题式，引人注目，并且语言丰富，饱含热情，极富感染力。

*第十二课　述职报告

应知导航

（1）了解述职报告的概念、特点及种类。

（2）了解述职报告的写作方法。

【知识探究】

一、述职报告的概念

> **闲言碎语**
>
> 《孟子·梁惠王下》：诸侯朝于天子曰述职。述职者，述所职也。

述职报告是机关团体、企事业单位的工作人员向上级主管领导、组织部门、人事部门、专家评委或本单位的职工群体等报告自己在一定时期内履行岗位职责情况的自我评述性应用文。随着我国人事体制的改革，许多单位都实行人事聘任制，因此述职报告的使用也越来越广泛。

二、述职报告的特点

（1）自我评述性。述职报告是述职者以对自身一个阶段任职工作的回顾为基础而进行的自我评估。一方面重在陈述、检查自己的工作情况；另一方面还要根据某一职位的职责范围与考核标准，评价自己是否胜任某职，既要大胆肯定自己的成绩又要勇于剖析自己的不足。

（2）确定性。述职报告的内容明确，要紧紧围绕某一职位的职责范围与考核标准展开。政绩（实绩）是考核的一个主要内容，即在任职期间，按照岗位职责和目标的要求，做了哪些工作，完成了什么指标，取得了什么效益，同时还要如实写出工作中的失误等。

（3）真实性。述职报告中的内容必须真实准确，陈述时要实事求是，恰如其分，不夸大、不缩小。

三、述职报告的种类

述职报告根据不同的标准可以划分为不同的种类。从时间上分，有任期述职报告（任职以来的总体情况汇报）、年度述职报告（本年度履行职务情况的报告）、临时性述职报告（担任某项临时性职务的报告）；从内容上分，有综合述职报告、专题述职报告；从述职对象上分，有个人述职报告和集体述职报告，从表达方式上分，有书面述职报告和口头述职报告。

写·作·指·南

述职报告一般由标题、称谓、正文、结语和落款 5 部分组成。

1. 标题

常见的标题写法有以下几种：一是只写文种“述职报告”或“我的述职报告”；二是“任职期限 + 文种”，如《任现职三年来的述职报告》；三是“任职期限 + 所任职务 + 文种”，如《2000 年至 2003 年任文化局长职务的述职报告》；四是“正标题（文章式标题） + 副标题”，用概括全文主旨的文章式标题作正题再加副题予以补充，如

开拓进取勇于创新

——××旅游局局长王××的述职报告

2. 称谓

写明接受或听取述职报告的对象的称呼，向上级机关呈送的述职报告，应写明收文机关；向领导和本单位干部职工作述职报告，则应写明称谓。

3. 正文

由导言、主体两个部分组成。

导言，包括任职介绍和任职评价两方面内容。任职介绍，说明自己的任职时间、担任职务和主要职责，简要交代述职的内容和范围；任职评价，扼要评述任职以来的工作情况。这部分内容力求简洁明了。

主体，这是述职报告的核心，主要陈述履行职务的情况。它包括3个方面：一是任职期间的任务完成情况，取得的主要工作成绩；二是存在的问题及经验教训；三是今后工作的努力方向、目标或打算。这3方面的写作一般要从思想政治素质、业务实绩展开。主体部分在结构安排上可根据材料的性质分成几个部分，加上序号和小标题。

4. 结语

结语可以采用总结归纳式或表决心式呼应开头，也可采用格式化的习惯语来结束全文，如“述职完毕，请批评指正”、“特此报告”、“以上述职，请予审查”等。

5. 落款

在结语的右下方，写上述职人的单位、职务、姓名，姓名下方注明日期。

【知识拓展】

【示例】述职报告

述职报告

各位领导、同志们：

本人现任××区政协党组成员、区政协常委、办公室主任，任职已历时两年。主要工作职责是：主持区政协办公室的全面工作，组织机关工作人员完成各项政务、事务工作，综合、协调、落实政协常委会、各专委会、联络组和机关各办的计划和任务，抓好机关行政管理，落实机关后勤保障工作，当好领导的参谋和助手。在工作中，我能自觉实践“三个代表”重要思想，认真学习理论，积极履行职责，积累了一定的管理经验和工作实践经验，具备了较强的业务能力和实际工作能力。现把本人两年来的理论学习、政治素质、工作作风、工作成效等方面情况报告如下。

一、深化学习，提高理论水平

按照区委“考学、述学、评学”的干部理论学习制度要求，我能坚持把学习贯穿于工作的始终，加强学习的积极性和主动性。能认真学习马列主义、毛泽东思想、邓小平理论和“三个代表”重要思想，深入学习人民政协理论和统一战线理论，正确理解和把握新时期人民政协的性质、地位、任务和作用。积极参加中心组学习，参加区委“学习十六大精神”培训班，做好并积极参加区政协常委会的理论学习，提高自己的理论素养。注意把在工作中学习和带动机关干部的学习、推进专委会委员的学习结合起来，学以致用，努力营造政协的良好学习氛围。周密组织政协的培训、讲座、报告、活动，能坚持认真读书看报，博览群书，做学习笔记4万字以上，撰写学习理论文章和心得体会8篇，在“检视建区五年路”学习教育活动中，积极向上级党组织建言献策，提交4篇建议和意见。通过始终如一地抓好理论学习，进一步增强了自己的政治敏锐性和鉴别力，增强了贯彻执行上级党委决策部署的信心和决心，增强了用理论指导工作的意识和能力。

二、加强修养，提高政治素质

在工作中，我除了时刻告诫自己要有全身心投入的热情，有甘于尝尽“各种滋味”的吃苦信念和有功不居功的超越自我精神外，最主要的是在以下几方面加强修养，练好“内功”。一是按照“三个代表”的要求，不断加强党性锻炼，改造自己的世界观、人生观和价值观。大家都说政协机关是个清闲的部门，而办公室主任却要面对上下左右，实在是个不好当的角色。但是，这两年来，我都能扎扎实实做好本职工作。我总认为，在平凡的岗位上认认真真地做好自己的工作，就是实践“三个代表”的最好体现，而确确实实我也是这样去做的。二是找准位置，时刻把握自己的岗位职责，深刻认识该职位处于承上启下，对内对外“关节点”的重要作用。必须很好地承担秘书、参谋、协调、服务和联络、宣传等具体工作，作为机关的“领头雁”，我时刻提醒自己必须有高度的事业心，有强烈的奉献精神，有效的领导方法和领导艺术，有宽阔的胸怀，才能胜任工作角色。因此，我能自觉坚持为人民服务的宗旨意识，满腔热情地做好本职工作，不断探索和思考如何更好地发挥办公室的组织协调和参谋助手作用的思路和办法。充分相信和尊重班子里的每一个同志，倾听他们的意见，与机关中层班子团结一致，与机关干部团结一致。能在主席、副主席直接领导下，做好机关各办公室的工作分工，合理安排科级干部的工作，落实机关工作责任制。特别是在区政协二届一次全会会务工作中，能合理安排，充分发挥机关中层班子的骨干作用和机关干部的积极作用，较好地推进了各项工作的落实。三是树立服务意识，甘为孺子牛。“千难万难服务难，上下左右协调难”，我能克服人手少、任务重的实际困难，树立较高的思想境界和良好的服务意识，从党和人民的工作大局出发，淡泊名利，宠辱不惊，守得住清贫，耐得住寂寞，抵得住诱惑，受得住委屈，全心全意做好各项工作，在工作中感受到乐趣，在奉献中展现自己的人生价值，做到吃苦不叫苦，有难不怕难，有累不喊累，受气不赌气。

三、改进作风，提高服务水平

一是抓好机关行政管理的规范化和制度化。按照上级要求，先后修订出台了6项常委会工作制度和5项机关工作制度，并汇编成册下发执行。二是落实民主集中制制度，每月通过支委会、机关办公会，对机关工作进行研究部署，机关各办领导分工明确，责任到人，调动了工作的积极性和主动性。三是机关工作人员严格实行岗位目标责任制量化管理，做到领导有议事日程安排，机关工作月初有计划，月底有讲评，专委会、联络组活动也事先有计划，按时序推进。四是加大了与专委会、联络组的联系、协调和督查力度，以最快的速度把主席会议、常委会议的决定精神落实到委员之中，把委员中的社情民意收集汇总，提交领导决策参考。五是到挂钩的社区调研抓落实，就区委的中心工作进行督查和指导，从中也了解基层群众的实际困难。建立政协委员接待日制度，听取了解委员对社情民意的反映，认真征求他们对政协工作的意见和建议，改变以往坐在办公室靠打打电话进行上传下达的不良方法，密切了党群、干群关系。六是自觉遵守廉洁自律有关规定，抓好机关后勤财务管理，抓好政务公开工作，落实机关效能建设各项规定。

四、开拓创新，推进工作成效

我们建立了一整套激励竞争机制，推进委员落实“五个一”活动，从年初就推出了给每个政协委员“订阅一份《人民政协报》、赠送一份生日礼物、规范一本学习笔记簿、分发一本政协委员手册、敬贺一张节日慰问信、编印一本委员通讯录、制作一张委员证和一个职位台”等八项措施。出台了《委员业绩通报》制度，定时把委员参加政协学习活动情况，提交提案、社情民意、建议意见情况，捐助公益事业和招商引资创办企业等情况进行书面通报，对表现突出的委员还编写“委员风采”，《委员业绩通报》制度受到市政协领导的高度评价，其做法已被市政协所借鉴。今年来，我们共收集报送社情民意信息64条，提交建议137条，共开展专题学习报告会2场，外出考察学习4次，各类视察调研活动34次。委员参加会议和活动的出勤率明显提高，各种会议和活动的到会率都达到90%以上，委员到会率不高的老大难问题已基本得到解决。

打铁还要自身硬，在具体工作中，本人还以实际行动，带领机关干部积极参加各项中心工作，带头下基层搞调研，带头参加义务献血、义务劳动，带头捐资教育和公益事业。作为机关党支部书记和办公室主任，我能切实负起党建、综治、计生第一责任人责任，按照创建先进典型的要求，抓好支部班子建设、制度建设、组织建设，开展各种活动，以较高规范完善了各种创先材料，本支部今年被区委表彰为先进基层党组织。按照区委、区政府颁发的《综治责任状》和《计生责任状》的要求，认真抓好机关综治、计生工作，建立责任制，层层分解责任到人。能结合各专委会开展的活动，抓好社会治安综合治理的视察、调研、座谈、咨询等工作。加强计生国策的宣传教育，做好工作分工，督促抓好建立健全机关干部计生花名册，落实干部独生子女优惠措施，定期扶持挂钩村的“计生三户”。抓好创建文明单位工作，使整个政协机关体现文明、卫生、简朴、向上的氛围。

五、存在主要问题

1. 政治理论水平还不够高，尤其对新时期人民政协理论的钻研还不够，理论指导实践还有欠缺。个人文字综合能力提高不快，达不到领导期望和要求。

2. 服务质量不够高，机关办会、办文工作有时不够细致。

3. 在政协机关待久了，有时也出现松懈情绪。

特此报告。

报告人：×××

××××年××月××日

（来源：中国范文样本网，此处有删改。）

评析：这是一名政府工作人员的述职报告。导言部分先简要介绍任职情况，说明自己的具体情况，既而交代报告范围，简洁明了。正文分为5部分，一一展开论述，落款注明报告人和日期。

【学以致用】

1. 就同学们的日常消费开支情况做一次调查并撰写调查报告。

2. 请你起草一份学生宿舍管理规定。

3. 根据自己的任职或兴趣爱好，拟写一份有关群众社团的组织章程。

4. 假设你在校园内拾到一个黑色钱夹，内有人民币若干、身份证、电话卡、照片等物品，请拟写一则招领启事。

5. 校学生会体育部组织的全校秋季篮球联赛拟于10月18日在校篮球场开赛，对阵双方为文学院“梦之队”和数学院“速之队”。你作为校学生会体育部成员，请制作一份海报。

6. 请班干部或在学校某社团中担任一定职务的同学根据去年一年的工作情况，写一份格式规范、内容完整的述职报告并向全班同学汇报，同学分组展开评议，提出小组意见。

开篇寄语

泱泱五千年的东方中华，崇孔孟尚礼仪，年有年节，日有日礼，不同的时间、场合，针对不同的人，要求的礼仪也随之演化出与之相对应的礼仪文体。知道并了解礼仪应用文，不仅是对现代人的基本要求，也是其个人素质的基本体现。

礼仪篇

——尊古循今，知礼有节

第一课　礼仪应用文概述

应知导航

（1）了解礼仪应用文的概念和特点。

（2）比较礼仪应用文与事务应用文的异同，体会礼仪应用文的写作要求。

知识探究

一、礼仪应用文的概念

礼仪应用文是指国家机关、企事业单位、社会团体或个人之间用于礼仪交往活动的应用文。它有助于调整、改善和发展单位与单位之间、单位与个人之间、个人与个人之间的相互关系。礼仪应用文包括欢迎词、欢送词、开幕词、祝词等。

二、礼仪应用文的特点

（1）针对性强。礼仪应用文往往是根据不同事情的具体内容、不同听众的情况写成的。比如，欢迎词重在“迎”，是对客人的到来表示热烈欢迎，而欢送词则重在“送”，是对客人在停留期间成绩的肯定和感谢，表示自己的惜别之情。

（2）感情真挚。礼仪应用文要让对方真切感受到你的真诚，这样有利于加深双方感情，达到写文章的目的。

（3）语言简明。无论哪种礼仪应用文，写文章的目的都比较单一，都是表达自己的感情，传达有关信息，增进双方友好关系，所以在语言运用上要简洁明了。

写·作·指·南

礼仪应用文写作要求如下。

（1）了解对象的基本情况。礼仪应用文的针对性很强，在写作之前应该尽可能掌握一些对方资料，比如，写欢迎词之前应该了解一下双方交往的历史。

（2）事项说明要简洁、明确。对事项的说明要简洁、明白、准确，避免造成误解。

（3）措辞亲切、庄重。热情亲切的迎送、美好的祝愿会让人感到你的真诚。

（4）写作格式要规范。礼仪应用文的写作格式包括标题、称谓、正文和落款 4 部分，不同文种在具体写法上稍有差异，写作时，要从总体上把握这类应用文的基本结构。

第二课 欢迎词 欢送词

应知导航

(1) 了解欢迎词、欢送词的概念及特点。

(2) 掌握欢迎词、欢送词的写作方法。

知识探究

一、欢迎词、欢送词的概念和适用范围

欢迎词是指本单位在对外交往的正式场合中，主人为迎接宾客的到来所发表的热情友好的讲话（文稿）。在外宾来访、领导视察、友人参观等表示欢迎的对外交往活动中，主人都要发表热情的欢迎词。欢迎词适用的礼仪形式多种多样，既有隆重的欢迎大会、酒会、宴会、记者招待会等，又有一般的座谈会、展销会、订货会等。

欢送词是指向客人告别的正式场合中，主人为表达感谢、送别之情发表的讲话（文稿）。一般在客人来访结束、领导离任、成员离开组织等情况下，主人都会表达热烈欢送和送别之情。欢送词适用的礼仪形式多种多样，宴会、招待会、欢送会或者其他欢送宾客的仪式上都会用到欢送词。

二、欢迎词、欢送词的特点

这两种礼仪应用文有其共同特点，表现在感情真挚、语言表达礼貌周到、篇幅简短等。

写·作·指·南

一、欢迎词

1. 欢迎词的写作格式

欢迎词主要由标题、称谓、正文、结束语和落款5部分组成。

（1）标题。在第一行居中直接写“欢迎词”或者“活动内容+欢迎词”，比如“在××学校第三届教职工田径比赛上的欢迎词”。

（2）称谓。称谓在第二行顶格写，在姓名前一般要用敬语，如“尊敬的”、“敬爱的”、“亲爱的”；在姓名后，可以根据对方的身份、职务等情况加上相应的职务、头衔，如“教

授”、“部长”、“董事长”等，或者根据人员的不同加上“女士”、“先生”、“阁下”、“代表团各位朋友”等。

（3）正文。正文一般由开头和主体两部分组成。开头部分要对来宾表示热烈的欢迎、真挚的问候和敬意。主体部分可表达此次活动的意义，突出来宾来访的意义，赞颂双方相互交往中取得的成绩，也可以回顾双方的交往历史和友谊，赞扬双方之间的友好合作。

（4）结束语。再次向来宾表示热烈欢迎，或表达主人的良好祝愿。

（5）落款（包括署名和日期）。单纯用于讲话的欢迎词可以不署名。如果欢迎词需要以文字形式发表，应该在正文末尾署上致辞单位的全称。以个人名义致辞的，要署上致辞者的身份、姓名。在署名的下一行署上成文日期。

2. 欢迎词的写作要求

（1）礼貌适度。欢迎词的使用范围很广，要注意区分不同的礼仪形式、来宾的身份、主人与来宾的关系，做到礼貌适度。

（2）热情洋溢。欢迎词的言辞用语应该热情洋溢，表现出主人的真诚，使客人感到自己受到了礼待与尊重。这样有利于下一步各种活动的圆满举行。

（3）简洁得体。欢迎词是礼节性的外交讲话，往往是在礼仪活动的刚开始当面向宾客表达，接下来还有一系列的交流活动，所以写作欢迎词要简洁得体，不要长篇大论，同时用语上要亲切自然，要能给对方带来“宾至如归”的感觉。

二、欢送词

1. 欢送词的写作格式

欢送词的格式一般与欢迎词相同，只是正文和结束语与欢迎词不同。

欢送词正文部分首先应对客人表示惜别之情。接下来通常是回顾整个活动，感谢大家的合作，对客人在这一阶段的成绩予以肯定。有的还包括诚恳征求客人对接待工作的意见和建议，对接待过程中不尽如人意的地方向客人赔礼道歉，最后对客人表示希望或勉励。

结束语要向客人送上美好的祝愿，如“祝旅途愉快”、“祝一路顺风”。

2. 欢送词的写作要求

（1）恰到好处。要注意宾客身份，注意致辞人与宾客的关系，致辞要恰到好处。

（2）友好热情。致词要感情真挚，友好热情，表达出主人对宾客的尊重和礼貌。

（3）朗朗上口。欢送词和欢迎词一样，往往是当面向宾客表达的，所以要考虑现场效果，写作时要选用朗朗上口的词语。

【知识拓展】

【示例一】欢迎词

在××县“雅洁杯”首届女职工书画展上的欢迎词

尊敬的各位领导、各位来宾：

值此元旦佳节到来之际，××县“雅洁杯”首届女职工书画展隆重开幕了！我谨代表雅洁公司全体员工向书画展的开幕表示热烈的祝贺！向各位领导、各位来宾的到来，表示热烈的欢迎和衷心的感谢！

我们雅洁公司与县妇联联合举办的这次“雅洁杯”首届女职工书画展，旨在弘扬中华民族传统书画艺术，活跃全县女职工的业余文化生活，集中展现全县广大女职工文明健康、开拓向上的时代风貌，展示她们丰富饱满的精神世界和多姿多彩的文化生活。活动得到了县领导和广大女职工的大力支持和积极响应。在此，我们再一次表示衷心感谢！

雅洁公司成立以来，承蒙各级领导和社会各界的大力支持与厚爱，企业各项工作取得了长足的发展，多次被授予省级“消费者满意单位”、“守合同重信用企业”、“AAA级信用企业”等荣誉称号。今年又提前40天完成全年计划，取得了良好的经济效益和社会效益。我们也本着“来自社会，回报社会”的原则，积极参与各项社会公益事业，为我县的两个文明建设做出自己的贡献。在此，我恳请各位领导及各界朋友一如既往，支持和监督我们的工作。

最后，预祝书画展圆满成功！祝各位选手取得优异的成绩，祝各位领导及来宾节日愉快，合家幸福，万事如意！

雅洁公司董事长：××

××××年×月×日

评析：这篇欢迎词热情洋溢、简洁得体，语言表达礼貌周到。正文开头写明活动主题，既而简要介绍活动宗旨，突出了来宾的重要性，诚恳、自然地表达了对来宾的感谢，接下来回顾了与来宾的交往以及所取得的成绩，最后表达了对未来工作的愿望，并送出良好的祝愿，友好热情。

【示例二】欢送词

欢送词

亲爱的二○○×届毕业生：

在这充满深情留念和美好憧憬的日子里，你们，作为新一届的职业学校毕业生和祖国现代化建设的生力军，即将结束流光溢彩的大学生活，走上工作岗位，到改革开放的大潮中去接受洗礼，迎接新的挑战。

在母校宁静温暖的怀抱里，你们曾留下奋进拼搏的足迹。为了翱翔蓝天，你们一遍又一遍地展翅高飞；为了驶入大海，你们一次又一次地抗击“风波”。窗明几净的教室里出现过你们专心苦读的身影，丰富多彩的文体活动中展示过你们充满青春活力的风采，夕阳晚照的林荫道上留下过你们探求知识、思索人生的足迹……

现在，你们将挥手告别母校，踏上新的征程。同学们，校园生活的结束既是终点，也是起点。国家和人们对你们寄予了殷切的期望，我国要走新型工业化道路，成为“世界制造中心”，没有一支高素质的制造业和现代服务业队伍是不可能的。你们正是现代化建设中的新鲜血液，是国家新型工业化道路上的生力军。母校希望你们坚定信念，振奋精神，开拓进取，用高尚的职业道德、丰富的专业知识、精湛的职业技能，从自身实际出发，积极投身于现代化建设的洪流中，为祖国的建设添砖加瓦，为社会的繁荣贡献自己的智慧和力量。母校相信你们会在长期而艰苦的实践中锻炼自己，不断体现自己的人生价值。

千里之行，始于足下。亲爱的同学们，愿你们求真务实，忠于职守，刻苦钻研，以优异的成绩回报社会，为母校争光。今天，母校的师长欢送你们踏上学成报国的万里征程；明天，父老乡亲和老师同学将分享你们事业成功的无限欢乐。

海阔凭鱼跃，天高任鸟飞。亲爱的同学们，祝你们一路顺风，拥有一个美好的明天！

××××职业学校团委

××××年×月×日

评析：这篇毕业欢送词，热情洋溢、富有文采，字里行间充满了真挚的情感。正文开头点明主题，接下来回顾校园生活的点滴，并提出殷切的希望。最后送出美好祝愿，感情真挚。

第二课　开幕词　祝词

应知导航

(1) 了解开幕词、祝词的概念及种类。

(2) 掌握开幕词、祝词的写作方法。

知识探究

一、开幕词、祝词的概念

开幕词是在重要的、有意义的大中型会议、聚会等活动开幕时的致辞。开幕词是大会的序曲，在宣布会议开幕的同时，通常要说明这次会议的意义，提出会议的宗旨、指导思想、中心任务和要求，并对会议召开表示希望和祝愿。

祝词是在各种喜庆场合中，组织或个人对各种喜事表示祝贺的一种应用文体。祝词通常可以与贺词通用，它们细微的差别在于祝词一般是在事情刚开始或正在进行中，向对方表示祝愿之意，而贺词是事情已经完成，对方已经取得成绩，向其表示庆贺、道喜。祝词适用于各种喜庆场合，既可以适用于党政机关、企事业单位、社会团体举办的重大的、有特殊意义的会议，又适用于个人的寿宴、婚礼等。

闲言碎语

在古代，由于生产力低下，人们为求得温饱，祛除灾祸，把希望寄托在神灵身上，他们祝词的内容多是向神灵祈福，带有浓厚的迷信色彩。商代以后，祝词的内容加入了自己的祖先。随后，活人也成了祝祷的对象。到今天，不但是人，连事业、会议等，也成了祝祷的对象，以表达人们美好的祝愿。

二、开幕词、祝词的种类

开幕词可分为侧重性开幕词和一般性开幕词。侧重性开幕词通常要将会议召开的历史背景、重大意义或会议的中心任务，作重点介绍，其他问题可以只做简要说明。一般性开幕词只对会议的目的、会议程序、基本精神、来宾等作简要说明。

祝词一般可分为以下 3 类。

（1）事业祝词。一般用于重大的、有特殊意义的活动仪式上，除了表达对活动的祝愿外，还常常赞颂举办方的成绩和贡献。多用于祝贺会议开幕，工程奠基竣工、剪彩仪式，周年庆典等。

（2）寿诞祝词。一般用在长辈寿诞上表示祝颂，常常叙述对方的经历，赞美对方的品格和贡献等，表达自己的美好祝愿。

（3）祝酒词。祝酒是一种招待宾客的礼仪。客人初到，往往主人都会设宴洗尘，致祝酒词，表达友好情谊。祝酒词的显著特点在于结尾要提议共同举杯祝愿。

写·作·指·南

一、开幕词的写作格式

开幕词格式包括标题、称呼、正文、结束语和落款 5 个部分。

（1）标题。常见的格式是“会议名称 + 开幕词”，如“××公司第八届秋季运动会开幕词”。

（2）称呼。在标题下首行顶格写称呼。在国内，党的会议一般用“同志们”来称呼；企业、社会团体的会议可根据来宾身份作相应称呼，可用“女士们、先生们”；国际会议一般按国际惯例用“各位嘉宾、女士们、先生们、朋友们”来称呼。

（3）正文。正文在称呼下另起一行，空两格写。

开头常见的写法如下。

①以大会表示祝贺和向与会者表示欢迎为开头，如“值此××××××洽谈会开幕之际，我代表××省人民政府、××市人民政府、××省对外贸易公司，向大会表示衷心的祝贺！向远道而来的世界各地的朋友们表示热烈欢迎！”

②以宣布大会开幕为开头的，如“××市××职高第十届机电专业师生秋季运动会今天开幕了！”

主体是正文的核心部分。具体内容可根据情况有所侧重，包括：说明会议基本情况（出席人数、会议组织情况、议程等），会议的任务、宗旨，对前段工作的简要回顾，对目前形势的分析等。结尾或提出希望与要求，或发出号召、展望前景等。

（4）结束语。常用“预祝大会圆满成功”之类的祝词。

（5）落款。开幕词应写上主办单位和开会日期。有的是在标题下面加括号注明开会日期，再下面是致辞人的姓名，如

××局第十届职工代表大会开幕词

（二〇〇×年×月×日）

××

二、祝词的写作格式

祝词的格式大体与开幕词相同，包括标题、称呼、正文、结束语和落款。

（1）标题。完整的标题包括“致辞人＋致辞场合＋文种”，如“××在××××招待会上的祝词”，也可简化为“××××招待会上的祝词”。有的在标题下写上日期，用括号标注。

（2）称呼。首行顶格写称呼，祝词的称呼和开幕词一样也要热情友好，可以加头衔或表示亲切、尊重的词语。

（3）正文。正文部分可以根据宴会的对象、宴会的性质，简略地表示主人的想法和意见，一般可以分为以下几方面内容展开：一是致辞者在什么情况下，代表谁，向出席者（贵宾、朋友、上层领导、经济伙伴等）表示欢迎、感谢和问候；二是回顾过去，概括以往所取得的成就和发展；三是展望未来。

（4）结束语。表示祝愿。祝酒词一般还要提出为参加宴会及与之有关的人员的健康、为与宴会有关的事业的发展干杯，通常分别独占一行，后面加感叹号，如

“现在我提议：

为上海国际工业博览会——2000年高新技术成果展的成功举办，

为中国高新技术产业的发展，

为各位嘉宾的身体健康，事业发达，生意兴隆，干杯！”

（5）落款。和开幕词一样，在文末写上主办单位和开会日期。有的是在标题下面加括号注明开会日期，再下面是致辞人的姓名。

> **知识链接**
>
> 祝酒的礼仪始于商周时期，当时社会中少数贵族或小官吏以上的人才饮酒，百姓为生计奔波，很少有此享受，这从《诗经·大雅》中饮酒诗最多，而《风》中最少可以证明。今天，每逢喜庆之日，饮酒助兴已成习俗。
>
> 祝寿的礼仪早在春秋时期就有记载了。《诗经·豳风·七月》中有“跻彼公堂，称彼兕觥，万寿无疆”。《诗经·小雅·天保》有“吉蠲为储，是用孝享。礿尝，于公先王。君日卜尔，万寿无疆”。“万寿无疆”一句是典型的祝寿用语。

三、开幕词的写作要求

（1）熟悉会议情况。开幕词的写作一般要根据会议方案为蓝本，事先要经主席团、委员会等领导机构批准。

（2）结构紧凑。开幕词篇幅不要过长，结构要紧凑。

（3）语言朴实、简练。

四、祝词的写作要求

（1）恰当得体。颂扬与祝贺要恰如其分，过分的赞美之词会使对方感到不安，也会使自己显得庸俗。

（2）结构紧凑。篇幅不可过长，应结构紧凑、行文简洁。

(3)充满热情。祝词写作语言上要求充满热情、喜悦、鼓励与希望，富有感染性和启发性，使对方感到温暖和愉快。

【知识拓展】

【示例一】开幕词

××县国税工作总结表彰大会开幕词

(二〇〇三年二月二日)

×××

同志们：

在这辞旧迎新的时刻，我们国税系统精英荟萃，壮志抒怀，隆重召开2003年度全县国税工作总结表彰大会。首先，我代表局党委，向一年来关心、支持国税工作的各级、各部门领导表示衷心的感谢！向参加会议的各位功臣表示热烈的祝贺！并通过你们向工作在征管第一线的全体干部职工及家属，表示崇高的敬意和亲切的慰问！

过去的一年，我县广大国税干部在县委、县政府的正确领导下，同舟共济，开拓创新，各项工作都取得了丰硕成果：精神文明建设初见成效，文明创建活动蓬勃开展，国税行业形象日新月异；征管改革不断深化，征管质量和效率日益提高，税收征管水平又现代化迈进了一大步；税收执法进一步规范，依法治税迈出了新的步伐，整个队伍的政治素质、业务素质、勤政廉政意识普遍得到提高；国税收入历经千难万险，圆满实现了预定的奋斗目标。总之，2002年，全体国税干部职工为全县经济发展，为全县国税事业出了大力，流了大汗，操了大心，劳苦功高。

今天，我们召开这次总结表彰大会，就是对过去的一年进行全面总结，以迎接新挑战。这次会议的主要议程有三项：一是全面总结2002年工作；二是布置2003年工作；三是表彰先进，交流经验。

同志们，这次大会既是一个辞旧迎新的总结会，也是一个继往开来的誓师会。通过这次大会，我们全县国税干部职工必将厉兵秣马，昂扬上阵，以饱满的热情和旺盛的斗志踏上新的征程，为我县改革开放和国税工作作出新的贡献。

预祝大会取得圆满成功！

评析：这篇开幕词行文流畅、感情真挚、热情洋溢。正文开头写明会议主要目的，首先致谢和祝贺。接下来回顾了过去的工作，层次分明、结构紧凑。结尾展望前景，表达热切的企盼和希望，最后送出美好祝愿。全文目的明确、层次分明，重点突出。

【示例二】祝词

在××工程开工典礼上的讲话

尊敬的×副部长、×书记、×副省长、各位领导、各位来宾：

你们好！

五月阳光明丽，五月百花争艳。伴随新世纪第一个红五月的脚步，我们迎来了××

工程的正式开工，共同在这里参加开工典礼，迎接我们共同的喜庆时刻。

首先，请允许我代表工程承单位××建设集团有限公司6 100名干部职工，感谢财政部、××省领导，以及××市领导和省市财政厅局等有关部门领导，对工程建设的关心与对我公司的信任，把××馆这个国家专业××馆的建设任务给我们。

在中国历史文化名城和国际著名风景旅游城市××美丽的××北麓建造××馆，是时代的选择，现实的选择，更是智慧的选择。××馆的建成，必将成为研究、梳理、存放与展示我国××发展史的重要场所，从而发挥积极的综合作用。××馆的建成，也必将成为××景区又一道和谐、亮丽和富有人文气息与文化内涵的全新景观，从而产生良好的社会效益。

作为××省省属国有建筑施工企业中的首家改制企业，××建设集团拥有50年的历史，曾经在建设新××、新××的道路上，创造出以××、××、××等名优工程为代表的诸多辉煌。……延续并超越企业历史的辉煌，建设更加美丽的祖国和家乡，是我们今日××集团人众志成城的坚强决心与义不容辞的光荣职责。

今天，我们十分荣幸地又承担了位于××路最南端的××的施工任务。我们深信不疑，一条路的终点即是起点……一个更新更高的起点，而诚信是对领导与朋友最大最好的回报。因此，我们将秉承前辈的勤勉精神与严谨作风，而不会有丝毫的懈怠。同时，在工程实施过程中，我们将努力强化项目管理，不断加大科技投入，积极采用先进工艺，以实现三个"确保"：确保工程质量标化两创优，成为我公司在××城的又一窗口工程；确保把工程建设成为我分司继××省××馆等之后在馆类建设中的又一品牌工程；确保把设计新颖、风格古典、功能完善的××馆建设成为××风景区的又一景观工程。

最后，请允许我以公司的广告语结束我的发言：接过您手中蓝图，交付你完美的作品。

谢谢大家。

评析：这则祝词结构紧凑，正文部分首先写明缘由，行文流畅、简练，饱含热情，真诚地感谢来宾，并简述自己公司取得的成绩，最后表明自己的决心。

第四课　请柬　聘书

应知导航

（1）了解请柬、聘书的概念及作用。

（2）掌握请柬、聘书的写作方法。

知识探究

一、请柬的概念及作用

1. 请柬的概念

请柬，又称为请帖、柬帖，是为了邀请客人参加某项活动而发的礼仪性书信。

2. 请柬的作用

（1）使用请柬，既可以表示对被邀请者的尊重，又可以表示邀请者对此事的郑重态度。

（2）凡召开各种会议，举行各种典礼、仪式和活动，均可以使用请柬。

二、聘书的概念及作用

1. 聘书的概念

聘书，也就是聘请书。它是聘请某些有专业特长或在某方面具有权威名望的人完成某项任务或担任某种职务时的书信体文书。

2. 聘书的作用

招聘制作为现今用人制度的主要形式为聘请书的使用提供了广阔的市场。学校、企业等在需要某方面有特长或有专业技能的人才时，社会团体或某些活动主办方为了提高知名度、扩大影响力，常常聘请一些有名望的人加盟或参与，这都需要聘书。

（1）加强协作的纽带。聘书把人才和用人单位很好地联系了起来。一个单位在承担了某项任务后，或在开展某项工作的时候，为了请到一些本单位缺乏的人才时，就需要用聘书。聘书不仅使个人同用人单位联系了起来，同时还加强了不同单位之间的合作，使之可以互通有无，互相支援，聘书就这样起了不可替代的纽带作用。

（2）加强应聘者的责任感、荣誉感。应聘者接到聘书也就等于必须为自己所聘的职务、工作负有责任，会尽力做好自己的工作。因为聘书是出于对受聘人极大的信任和尊重才发出的，这无形中就加强了受聘人的责任感。同时受聘人往往是在某方面确有专长或能作出特殊贡献的人，所以聘书的授予也就促进了人才的交流，可以较充分地发挥受聘人的聪明才智。

写·作·指·南

一、请柬的写作格式及要求

1. 请柬的写作格式

请柬一般有两种样式：一种是单面的，另一种是双面的。从形式上又分为横式写法和竖式写法两种。竖式写法从右向左写。从撰写方法上说，不论哪种样式的请柬，都有标题、称谓、正文、敬语、落款和日期等。单柬帖的“请柬”二字写在顶端第一行，字体较正文稍大。双柬帖封面写明“请柬”二字，不论哪种请柬，一般都做艺术加工，即采用名家书法、字面烫金或加以图案装饰等。现在市场上有多种印刷的请柬样式供选择，通常发文者只需填写称谓、正文、落款和日期。称谓即被邀请单位名称或个人姓名要顶格写，其后加冒号。个人姓名后要注明职务或职称，如“××先生”或“××女士”。正文另起行，前空两格，写明活动的内容、时间、地点及其他注意事项，或者要求，时间一般是两种日期，一种是农历日期，一种是公历日期，并且有具体时刻，一般以“敬请（恭请）光临”等结束。最后写明邀请单位或个人姓名，下边写日期。有时还有行走路线、乘车班次、每柬一人、凭柬入场、请着正装等附启语，通常写于请柬正文的左下方处。

2. 请柬的写作要求

（1）语言要精练、准确，凡涉及时间、地点、人名等一些关键性词语，一定要核准、查实。

（2）在正文后可根据不同的情况采用“敬请光临”、“请光临指导”等结语，不要出现准时等命令性词语，以免造成不必要的误会。

（3）请柬在款式设计上要注意艺术性，一帧精美的请柬会使人感到亲切舒适。选用市场上的各种专用请柬时，要根据实际情况选购。

（4）请柬不要托人转递，如果距离比较远，可以邮寄。请柬如果是放入信封当面递送，信封不要封口。如果被邀请人因故不能参加，最好要以书面形式及时告知邀请人，以体现尊重他人。

二、聘书的写作格式

聘书一般按照书信格式印制好，中心内容由发文者填写。完整的聘书一般由标题、称谓、正文、结尾和落款几部分构成。

（1）聘书的标题往往写在开头正中间，有的聘书也可以不写标题。已印制好的聘书常用烫金字样的封皮组成。

（2）聘请书上被聘者的姓名称呼可以在开头顶格写，然后再加冒号；也可以在正文中写明。常见的印制好的聘书多在第一行空两格写“兹聘请×××”。

（3）正文是聘书的主要部分，一般包括聘请的原因和请去所做的工作或所要担任的职务，聘任期限以及待遇等问题。

（4）聘书的结尾一般写上表示敬意和祝颂的话语，如“此致敬礼”等。

（5）落款要署上发文单位名称或单位领导的姓名、职务，并署上发文日期，同时要加盖公章，方视为有效。

【知识拓展】

【示例一】请柬

××先生：

今年是我校建校90周年。兹定于×月×日上午8时在我校大礼堂举行校庆典礼，敬请您莅临指导。

××学校90周年校庆筹备组

××××年×月×日

评析：这则请柬简明扼要，时间、地点、事项均已在文中介绍清楚，行文简洁明了，一目了然。

【示例二】聘书

×××同志：

兹聘请你担任××系×××级××班《××》课教学工作，具体任务是：

1. 授课××学时。

2. 作业××次，作文××入篇。

3. 期中××系规定的教师工作岗位责任制。

4. 履行××系规定的教师工作岗位责任制。

完成上述任务总工作量为××学时，超额将给予奖励。恳请您给予支持和帮助，本系将不胜感谢！

本聘书有效期自××××年×月起至××××年×月止。

此致

敬礼！

××系主任×××（印章）

××××年×月×日

评析：这则聘书全文目的明确、层次分明，重点突出。对受聘者的受聘职务、具体任务、期限都作出了清晰的介绍。

【学以致用】

1. 什么是礼仪应用文？它有哪些特点？

2. 开幕词开头常见的写法有哪些？

3. 开幕词正文的核心部分一般写什么内容？

4. 完整的祝词标题如何写作？

5. 祝词的正文部分一般写什么内容？

6. 玛丽女士是美籍教师，应邀在学校某年级教英语两年，该年级师生为她举办了欢迎晚会，假定你是该年级教研主任，请你撰写一份欢迎词。

7. 玛丽女士任教期满即将回国，在任教期间工作勤恳，授课生动有趣，学生都喜欢上她的课。班上学生决定举行欢送晚会，假定你是班长，请你撰写一份欢送词。

8. ×××职业学校文化艺术节将于下月第一个周六晚在学校礼堂举行开幕仪式，请你代表团委书记写一份开幕词。

9. 请你为学校即将召开的学术研讨会写一份请柬。

10. ××中职学校聘请著名物理学家×××院士为该校顾问教授，请你为××中职学校写一份聘书。

开篇寄语

随着经济全球一体化进程的加快，我国改革开放的步伐逐步加大，我国的进出口贸易越来越活跃，外商来我国投资办厂、合资合作、商贸经营活动越来越多，国际间的友好往来也日渐频繁。因此，涉外应用文在政治、经济、文化交往活动中的作用也越来越突出，掌握好涉外应用文写作的基本技能将为今后的择业提供更多的机会。

涉外篇

——与全球同步，与世界接轨

第一课 涉外应用文概述

应知导航

（1）了解涉外应用文的概念和种类。

（2）明确涉外应用文的特点及作用。

知识探究

一、涉外应用文的概念和种类

涉外应用文是指从事对外政治、经济、文化交流活动中交流思想、沟通感情、传递信息、处理各类业务等所使用的书面文字材料。

涉外应用文种类繁多，如礼仪函电（邀请函、慰问函、慰问电、唁电等）、业务函电、备忘录、涉外经济合同、外贸理赔文书、涉外商情调研报告、商品经销代理文书等都属于涉外应用文。

二、涉外应用文的特点

（1）内容准确性。涉外应用文关系到国与国（地区）之间的交往，由于双方在观念、习惯、方式等诸多方面存在差异，因此涉外应用文特别强调内容准确，以免造成歧义，引起误会，造成损失。文中涉及的时间、地点、事件、数字都要准确无误。

（2）格式固定性。涉外应用文格式具有规范性。某些格式是在尊重双方感情的长期交往中形成的，因此，双方都要遵守。另外，随着经济一体化进程的加快，为了方便交易，涉外业务文书也越来越讲求国际化标准，对格式的规范性要求很高。

（3）表述规范性。涉外应用文用语讲求礼貌得体，商务交往文书要求表达严密。为了翻译的方便，在词语的选择上还要注意两种语言文本的相互适应性，以免产生较大差异。

三、涉外应用文的作用

（1）联系作用。涉外应用文能够加强各个国家（或地区）之间的联系和沟通，能够增进双方感情、交流信息，在平等互利的基础上促进友谊。

（2）约束作用。涉外应用文中有很大一类，如经济合同、商品经销和代理文书等都具有法律效力，任何一方不得违反。它有助于对外交往主要是贸易往来的法制化，是维护世界经济秩序的基本保证。

（3）依据作用。有些涉外应用文能为有关部门制定对外经济贸易的方针政策提供依据和参考，如涉外商情调研报告既能反映各有关国家的政治、经济状况，又能反映世界市场的变化趋势。这些涉外应用文能推动外贸工作的健康发展。

第二课 涉外函电

【应知导航】

（1）了解涉外函电的概念及种类。

（2）掌握涉外函电的写作方法。

【知识探究】

一、涉外函电的概念

涉外函电是指我国在对外政治、经济、文化交往活动中，同外方交流思想、沟通感情、传递信息、联系业务、处理问题时所使用的一类书信体应用文。

二、涉外函电的种类

涉外函电按内容划分，可分为礼仪函电和业务函电。礼仪函电通常用于同外方交流思想、沟通情感、传递信息；业务函电通常用于联系业务、处理问题。涉外函电按通信方式划分，可分为函件和电报，随着互联网的迅猛发展，电报等通信方式已经逐渐退出历史舞台，而被电子邮件取代。

写·作·指·南

涉外函电的格式和公文中函的格式基本一样，由标题、称呼、正文和落款4部分组成。

1. 标题

一般由“事由＋文种”组成，如“催派船提货函”、“索赔函”、“‘飞鸟牌’自行车发盘函”（盘是指商品的价格，是贸易交往中经常使用的概念，如“发盘”即报价，“询盘”即询问价格，“还盘”即还价）。

2. 称呼

如果是以个人名义写给个人的函件，应该用尊称，并在称呼后加上“台鉴”、“雅鉴”等词语，以示尊敬，如“尊敬的××贸易行张总经理台鉴”。如果是机关、社会团体、企事业单位之间的业务联系函件，则直接写单位名称。

3. 正文

这是函件的主要部分，由开头、主体和结尾 3 部分组成。

(1) 开头。写明发函的目的或依据。

(2) 主体。主要写涉外活动的具体事项，商洽什么事，解决什么问题，了解什么情况，答复什么问题。

(3) 结尾。常用致敬语，如“谨祝商安”、“希即复为盼”、“专此函达，希洽办”等。有附件的在正文结尾后注明。

4. 落款

落款包括发函单位和发函日期。以个人名义发函的，要个人签名，并署上职务；以单位名义发函的要写上单位全称，在日期中间应盖发文单位公章。

【知识拓展】

【示例一】涉外函电

××羊毛询盘函

××国××进出口公司执事先生台鉴：

贵公司×月×日尊函奉悉，承蒙惠寄商品总目录一份，以支持敝公司业务之开展，至深感谢。目前，敝公司对羊毛很感兴趣，为此，专函奉达，祈请报目的港×× CIF 5 000 千克××羊毛的最低价，以便考虑。

谨祝

商安！

××××商行

××××年×月×日

评析：这份询问函，结构规范，态度诚恳，用语得体。首先对对方寄商品总目录一事表示感谢，既而询问羊毛价格，行文简洁、目的明确。

【示例二】涉外函电

××羊毛发盘函

××商行：

贵商行×月×日来函收到，欣闻贵商行欲订购我××羊毛5 000 千克。为满足贵商行的要求发盘如下：

中国××羊毛，规格优级，数量5 000 千克；价格每千克 50 美元 CIF ××港净价；新麻袋包每袋 100 千克装；交货期××年×月；付款条件是不可撤销即期信用证，最迟于交货期前一天到，并在中国议付，有效期应为装船后 15 天。上述发盘×日复到有效。

希即复为盼。

××国××进出口公司

××××年×月×日

评析：这份回复函，结构完整，表述清楚。首先阐明发函缘由，接着直奔主题回答来函的询问，行文简洁，目的明确，不仅对来函的询问事项详细回复，还示出完整的交易条件，明确规定有效期限。

第三课 备忘录

应知导航

（1）了解备忘录的概念、作用及种类。

（2）比较备忘录与会议记录，体会备忘录的特点。

（3）掌握备忘录的写作方法。

知识探究

一、备忘录的概念及作用

备忘录是双方会谈时，用来说明某一问题在事实或法律备忘录方面的细节，或者表明自己的态度，达成的某些协议，以及明确会谈中的谈话内容的一种外交文书。

在业务上，备忘录一般用来补充正式文件的不足。有时在必要时用来提醒、督促对方，或就某个问题提出自己的看法和意见。有时作为今后双方交易或合作的依据，或进一步洽谈业务的参考。

二、备忘录的种类

备忘录分非协议类和协议类两种。非协议类备忘录一般由一方发出，就某一问题表明观点态度，以引起对方的重视和采取措施。非协议备忘录根据递送的方式可以分为面交备忘录和送交备忘录。面交备忘录是会谈后当面交给对方的备忘录。送交备忘录是会谈后另行邮寄或送达对方的备忘录。协议类备忘录多用来确认双方（或多方）在会谈时达成的协议，它是将双方的备忘录合成一份，经双方签字而形成的，具有协议的性质，又称为谅解备忘录。本课要重点掌握协议类备忘录的写法。

有合作意向的双方在涉外业务洽谈中，为表达各自的意向，通过备忘录记载彼此达成的某些谅解或承诺，作为今后进一步洽谈、合作的参考；在涉外磋商交往活动中，为了防止遗忘，双方可以通过备忘录对谈话内容、己方态度和观点进行摘要式记录，以保证会谈的顺利进行。

三、备忘录的特点

备忘录的特点是快速、经济、有效。备忘录传递与反馈信息很快，对商务活动中的一切事务，一有看法、意见可即写即发，又可及时提醒、督促对方及时处理问题，防止因遗忘、未知而贻误时机。

写·作·指·南

一、备忘录的写作格式

备忘录包括标题、前言、主体和落款4部分。

1. 标题

可以只写“备忘录”，也可以采取“事由+文种”的形式，如“中欧纺织品贸易问题备忘录”。

2. 前言

前言又称引言、开头语。协议类备忘录一般用简洁明了的语句介绍达成协议的背景，包括各方的名称，会谈的时间、地点、事由及主要事项，为下文表达观点略作铺垫。一般用“双方达成了谅解，承诺如下”或“双方达成如下谅解”过渡。非协议类备忘录一般用简洁的语言说明写作备忘录的原因。

3. 主体

协议类备忘录在主体部分要写明达成协议的具体内容，一般采用条款形式，最后还要写明未尽事宜的洽谈方式及大致的日程安排等，如交代“期望在今后×个月内再进行接触，以便进一步商洽合作事宜”等，留有余地。非协议类备忘录在主体部分一般采取叙议结合的方式，明确本方观点态度。最后提出希望，以引起对方的重视。

4. 落款

由签署备忘录的单位签字，面交的备忘录可以不盖章，送交的备忘录还要加盖印章，协议类备忘录需要双方签字盖章。另外，在单位签字下方注明签署的日期和地点。

二、备忘录的写作要求

（1）内容必须忠于事实，不能随意添加、变换角度或断章取义，只能取舍、概括、提炼原来的实际内容。

（2）取舍必须适当，不能任意删去重要观点、意见、数字、名称等内容。

（3）归纳要得体，叙事要具体明确，行文要简洁。

【知识拓展】

【示例】备忘录（协议类）

合作开发××旅游风景区备忘录

××市××旅游风景区管理局与美国××公司，于××××年×月×日在××市××开发区就合作开发××旅游风景区进行了初步磋商，交换了意见，双方达成了如下谅解。

一、美国××公司同意就合作开发××旅游风景区的项目进行投资，投资金额暂定为500万美元。

二、美国××公司投资的500万美元原则上用于旅游区的宾馆与游乐设施建设。

三、利润分配待××旅游管理局对合作土地与物资作出明确估价后再行正式磋商，双方原则上同意按投资总额中所占份额确定利润分配比例。

四、有关宾馆选址和游乐设施布局问题，双方虽还存在一定分歧，但都表达了友好合作的愿望，期望于下月上旬再行接触，进一步商洽相关事宜。具体商定于×月×日在××市进行再次磋商。

××市××旅游风景区管理局　　　　美国××公司

代表：×××　　　　代表：×××

××××年×月×日于××市

评析：这份协议类备忘录，对合作开发中一些尚待解决的具体问题，表明了双方的立场和观点，为下一步的合作奠定了基础。目的明确、行文简洁。

第四课　涉外经济合同

应知导航

（1）了解涉外经济合同的概念及特点。

（2）了解涉外经济合同的写作方法。

知识探究

一、涉外经济合同的概念

涉外经济合同是中华人民共和国的企业经济组织与外国（或地区）的企业经济组织或个人之间，为了实现一定的经济目的，确定相互权利义务关系，达成一致性意见签订的法律文书。

涉外经济合同种类很多，按内容和性质分，有商品买卖合同和中外合资经营合同；按形式分，有表格式、条款式、表格加条款式。

二、涉外经济合同的特点

涉外经济合同与一般合同相比，还具有如下一些特点。

1. 多重合法性

订立涉外经济合同，既要遵守我国的法律，尤其是《中华人民共和国涉外经济合同法》，同时还要遵守对方国家法律，另外还要遵守国际条约、国际公约、国际惯例等。中外合资、合作经营项目在签订合同前，我方企业或组织要向当地的省、自治区、直辖市政府或上级主管部门提出申请，上报项目建议书和可行性研究报告，经主管部门批准后再逐级上报审批备案。取得了完备的批准手续后，中外（或地区）当事人双方才可谈判签订合同。中外（或地区）双方当事人在合同书上签字后，还必须由我国政府有批准权的主管部门批准，合同方可生效。

2. 内容复杂性

涉外经济合同涉及两个或两个以上国家（或地区）的经济组织，各方的政治经济状况、观念、风俗习惯、行为方式等具有较大差异，因此涉外经济合同内容往往比较复杂，条款也比较多。

3. 交易特殊性

涉外经济合同的当事人具有特殊性，因此合同权利和义务关系的发生有时超越国界，在境外进行。

写·作·指·南

涉外经济合同都具有相对固定的参考格式，一般采用统一印制的文本，用中文和外文同时书写（与地区的除外）。双方签订合同时，只要依款填写即可。

涉外经济合同由标题、首部、正文和尾部4部分组成。

1. 标题

采用“事由＋文种”的形式，如“中外货物买卖合同”。

2. 首部

标题之下，正文之上为首部。要写明合同双方当事人的全称、国籍、地址（注明合同双方当事人的邮政编码、电报挂号、传真、电话等）。有的还在标题的右下方写明合同的编号，合同签订的日期、地点。合同编号由年份、公司代号、部门代号及合同序号组成。如“2011 CMCDA001”中“2011”是年份，“CMC”是公司代号，“DA”是部门代号，“001”是合同序号。

3. 正文

正文包括引言、主体和结尾3部分。

（1）引言。主要说明订立合同的依据和目的。

（2）主体。这是合同的主要部分，写明合同内容，确定双方当事人的权利和义务。其款项应包括我国涉外经济合同法所规定的条款，如标的、质量、标准、规格、数量，履行的期限、地点和方式，价款或酬金以及支付方式，违反合同的赔偿和其他责任，合同发生争议时的解决方法。国际货物进出口合同还应包括包装、交货与装运、检验、保险等条款。

（3）结尾。合同双方当事人签字盖章，并注明日期。有公证单位均要写明公证机构的名称及签章。

【知识拓展】

【示例】涉外经济合同

中外货物买卖合同（参考格式）

合同号：______

日 期：______

地 点：______

买方：××国××公司

地址：______

电报：______

电传：______

卖方：中国××进出口公司

地址：______

电报：______

电传：______

合同买卖双方经友好协商，同意按下列条件与条款签订本合同：

1. 商品名称：原油
2. 数量：×万吨，允许溢交或短交5%
3. 规格：（略）
4. 单价：FOB青岛每公吨××美元
5. 总值：××万美元整
6. 保险：买方自理
7. 装运日期：××××年×月至××××年×月
8. 装运港口：××
9. 目的港：×××
10. 支付条件：每批原油装运15天前，由买方经双方同意的银行开立不可撤销的、可转让的美元即期信用证，以中国××进出口公司为受益人。信用证金额按每批装运数量可多开立或少开立5%。
11. 单据：

（1）装油船只到港后卖方应向议付银行提供下列单据议付货款：

甲：发票4份。

乙：清洁的、已装船的提单正本1份。

丙：中国商品检验局签发的品质、重量、产地证明各1份。

（2）装油船只离港后5天内卖方应航空邮寄买方以上各项单据副本2份。

（3）卖方应随船带交买方在目的地的指定收货人以上各项单据副本2份。

12. 装船通知：

(1)在开始装运月份前20天,买方应以电报通知卖方当月装运数量和装油船名。卖方应在接到买方上述电报通知5天内电复买方。

(2)油船到达装运港5天前,买方应将油船船名与国籍、预计到达装运港日期、装运数量预先以电报通知卖方和装运港中国外轮代理公司。油船到达装运港48小时前,买方应对上述内容发出正式通知。

(3)装船完毕后24小时内,卖方应以电报方式将合同号、商品名称、油船船名、收货人、装油数量、目的港、发票金额、装油油船离港日期通知买方。

13. 商品检验:

(1)品质重量以装运港中国商品检验局签发的证明书为准。提单上的数量应作为买卖双方交货数量的依据。

(2)买方在油船到达目的港后有权对货物的数量和品质进行复验。复验费由买方负担。如发现品质或重量与合同不符,买方有权向卖方索赔。但对运输途中品质与数量的自然损失或变化不得提出索赔。索赔期限为货到目的港30天以内。

14. 不可抗力:由于不可抗力卖方不能按规定日期交货,卖方有权部分或整批延期交货或取消合同,但须由卖方向买方提供中国国际贸易促进委员会所出具的事故证明书。

15. 如买方未能按本合同规定开立信用证致使本合同部分或整批不能按时执行给卖方造成了损失,买方应按本合同总值或未交货物总值的1%向卖方交付罚金。如卖方不能按本合同规定部分或整批交货给买方造成了损失,则卖方应按本合同总值或未交货物总值的1%向买方交付罚金。

16. 仲裁:有关本合同或本合同执行中所发生的争议应通过签约双方友好协商加以解决。如双方通过协商未达成协议则此项争议案件应提交仲裁,仲裁地在被告国家,如在中国仲裁,则由中国国际经济贸易仲裁委员会按该会仲裁规则与程序进行仲裁。仲裁裁决即为终局裁决,对于双方均有约束力。除仲裁机构另有裁决外,仲裁费由败诉一方负担。

17. 本合同以中英两种文字编制,均有同等效力。

卖方　　　　　　　　　　　　买方

中国××进出口公司(盖章)　　××国××公司(盖章)

代表(签字)　　　　　　　　代表(签字)

××××年×月×日

(引自:赵福洲,方百祺主编:《外经贸业务应用文写作》2003年修订版)

评析:这份涉外经济合同采用"事由+文种"式标题。基本条款齐全,包括品名、品质、数量、价格、包装、交货与装运、支付、保险、检验、不可抗力、争议与索赔、仲裁。此合同表述严密,用语准确、条款齐全、内容完备。

*第五课 涉外商情调研报告

应知导航

（1）了解涉外商情调研报告的概念及种类。

（2）掌握涉外商情调研报告的写作方法。

知识探究

一、涉外商情调研报告的含义与作用

涉外商情调研报告是以国际经济贸易信息为研究对象，有计划地对某一情况、问题进行调查研究，并把调查情况与结论写成书面报告的一种应用文体。国际经济贸易信息十分广泛，如世界经济与贸易现状及其变化趋势、各国的商品市场行情、销售环境、流通渠道、竞争结构。

涉外商情调研报告的作用主要有以下几个方面。

1. 为经济组织的经营管理决策提供科学的依据

涉外商情调研报告主要针对国际商品市场的动态做科学的调查研究，为经济组织提供准确、可靠的市场信息，有利于决策者作出科学的、合乎市场规律的经营管理决策。

2. 为经济组织的经营活动提供可靠、翔实的资料

经济组织内外经营管理活动，都离不开涉外商情调研报告提供的信息资料。可靠的信息能帮助经营者更有针对性地开展业务活动，防止盲目生产，无效劳动。如决定是否开发新产品，如何使新产品更快、更有效地上市，是否进一步完善原产品或进一步拓展市场等。

3. 可以有效地提高经济组织的经营水平与市场竞争力

任何一个经济组织只有及时掌握信息，敏锐洞察商情的变化，才能及时调整经营策略以适应不断变化的市场需求，才能成为市场的主动者，在激烈的竞争中立于不败之地。

二、涉外商情调研报告的特点与分类

1. 涉外商情调研报告的特点

（1）真实性。涉外商情调研报告要用大量的事实做依据，通过对事实的阐述和本质的分析，及时地反映客观规律。这些材料必须是真实、可靠的，不能有半点虚假、夸张，否则会影响本质的揭示与结论的确立。

（2）科学性。涉外商情调研报告除了引用真实可靠的材料外，在调查研究的过程中也应持客观的、系统的、全面的科学态度，运用科学的手段和方法揭示客观事物的本质和发展规律。

（3）指导性。涉外商情调研报告的任务不仅是反映客观现实，更主要是为人们变革现实提供依据和借鉴。人们通过涉外商情调研报告探索事物的发展规律，寻求解决问题的办法，给全局工作提供借鉴。

（4）及时性。信息是瞬息万变的，涉外商情调研报告及时地反映不断变化着的客观现实，及时提供人们借鉴的材料。对于经济组织，时间就是效率，只有及时地掌握商情，时时保持敏锐的洞察力，才能及时发现问题，及时解决。

2. 涉外商情调研报告的分类

涉外商情调研报告有不同的分类方法。依据内容分，有市场供需调研报告、竞争对手调研报告、经营政策调研报告；依据性质分，有综合调研报告与专题调研报告；依据方法分，有定性调研报告与定量调研报告。

写·作·指·南

一、涉外商情调研报告的写作格式

涉外商情调研报告没有固定的格式，行文灵活，写法多样。其内容一般包括标题和正文。

正文部分是重点。一般分前言、主体和结论3部分。

前言也叫引言。简要概括中心，给人全面的印象。可用说明式、叙述式、提问式或议论式。

主体是主干部分。通常按照人们认识的规律安排层次，按所得资料的性质及其内在逻辑联系合理使用材料，进而得出科学的结论。主要内容包括概述情况、分析研究、得出结论或提出建议。概述情况是交代调查时所积累材料的内容情况，以文字说明为主，配以各种数字、图表。分析研究是在概述情况的基础上进行科学的分析研究。分析时注意客观、系统，条理清晰，可分若干章、节叙述。同时运用的材料、数据一定要确实可靠。分析时从丰富的材料中提炼观点或提出可行性的建议供决策者参考。

结论是全文的结束部分，可与前言呼应，归纳总结；也可深化主旨，展望远景。

二、涉外商情调研报告的写作要求

1. 实事求是

涉外商情调研报告本着真实、科学的原则，从现实需要出发，运用多种方法，深入、广泛地对国内外商情进行详细、全面的调查。写作者一定要亲自参加调查的全过程，对每一份材料应反复核实，以确保资料的真实、可靠、全面。

2. 精心选材

涉外商情涉及面广、内容繁多，在整理材料、拟写报告时除了应明确调研的目的，广泛掌握第一手资料外，还应注意从多方面拥有资料，围绕中心，科学地筛选出重要的、典型的、反映事物本质规律的材料。有点有面，且与观点高度统一。

3. 表述周密

涉外商情调研报告不仅有事实的概括说明，而且有对事实的分析、推理，表达方式多用叙议结合，或夹叙夹议。要求分析推理合乎逻辑规律，语言表达准确、简洁、周密。

【知识拓展】

【示例】涉外商情调研报告

花卉生产——一个值得重视的新兴行业

花卉生产正在许多国家迅猛发展，美国、荷兰、日本、哥伦比亚、新加坡、泰国、马来西亚等都是如此。荷兰的花卉出口额每年达13亿美元，全国人均800多美元。新加坡种植热带兰，从1971年至1980年产值增长21.2倍，1980年出口额达800万美元。泰国仅靠曼谷周围的花卉生产，年创汇收入650万美元。

花卉生产的经济效益高，如哥伦比亚种植鲜花800公顷，可赚外汇5 300多万美元，平均每亩花卉换回外汇4 450多美元。新加坡从20世纪60年代初才开始生产热带兰，1980年种植面积305公顷，平均每亩创外汇1 931美元。种花需较多人力，而且需要门市花店、花摊商贩，加上为它服务的如提供农具、搭棚材料、盆钵、化肥、农药、包装材料、印刷说明书和运输等行业，又可创造许多就业机会。花卉生产还可以美化环境，净化空气，有利于创造人们赏心悦目的工作场所和生活条件。因此，在我国发展花卉事业有助于社会物质文明和精神文明的发展。

我国的花卉栽培有悠久的历史，牡丹、芍药、荷花、菊花、梅花、兰花、茶花、桃花、桂花等的原产地都是中国，许多已有3000年的栽培历史。花卉生产在唐代极为繁盛，长安和洛阳是有名的花城。以品种讲，已知我国菊花品种有1 000多种，杜鹃品种460多个（世界总数为850个），洛阳的牡丹、菏泽的芍药、漳州的水仙、杭州的桂花、武汉的梅花，都曾誉满天下。这说明在我国传统农业中，花卉生产曾有过光辉的历史和重要的地位。新中国成立后，花卉生产也曾一度繁荣兴旺，但后来被看做是奢侈品，一度受到不应有的冷遇。近年来，农村发展多种经营，花农才得重操旧业，现已涌现出不少种花专家、养花冒尖户。广东省顺德县陈村乡是汉、唐以来的花乡，1981年种花4 000多亩，收入1 000多万元，每亩产值达2 500多元。国内大城市的花卉消费量，也随着居民生活水平的提高而有了大幅度的增长。

但是，在国际花卉市场上，我国的花卉产品却缺少竞争能力，每年鲜花外销额只有几十万美元，不及泰国曼谷市的10%，其原因主要是品种退化，科研跟不上。

我们认为，除了进一步提高认识外，花卉生产还应逐步纳入国家指导性生产计划，以加强引导。可以考虑在有关部门的领导下，成立花木专业公司，建立花卉研究中心，从育种、繁殖、栽培、病虫害防治、采收、包装、贮藏、保鲜、检疫、运输、经营管理到化肥、农药的使用，情报资料的收集分析，开展全面的研究。同时引进某些必要的设备、资料和优良品种。可以在有关大专院校成立花卉专业、花卉系，培养精通培育技术、防治花卉病害以及花卉保鲜、检疫、贮运方面的人才。在交通便利的城市郊区，可以有计划地建立稳定的出口花卉生产基地，并充分发挥花卉专业户的积极性，以扩大花卉出口，多创外汇。

评析：这是一份商情调研报告。全文中心突出、层次分明，旨在说明花卉生产是一个可以创造极大经济效益和社会效益的行业，中国应该发展花卉生产、扩大出口。标题直接揭示全文的观点。因为报告内容比较简单，所以前言部分开门见山地从总体上概述国外情况，正文通过具体研究，从两个层面详述花卉生产的效益。接下来回顾了我国花卉发展的历史和现状，第三段通过中外对比，指出了存在的问题。最后提出了详细的建议。

第六课 商品经销和代理文书

应知导航

（1）了解商品经销和代理文书的概念、作用及种类。

（2）了解商品经销和代理文书的写作方法。

知识探究

一、商品经销和代理文书的概念

商品经销和代理文书是指出口企业（卖方）与经销商、代理商之间建立供销合作方式时，就双方的共同目标、权利、义务和业务关系、法律关系等进行协商而达成的书面协议。商品经销和代理文书主要包括经销协议和代理协议两类。

国外经销商是指出口企业所指定的经销其商品的商家，出口企业给国外经销商在价格上提供一定优惠，在货源上提供保证，经销商与出口企业之间是买卖关系，经销商以自己的名义购买货物，再将货物卖出去。国外代理商是指出口企业委任的，代为推销商品的商家，出口企业给国外代理商提供一定的佣金，代理商与出口企业之间是代理关系，代理商不拥有商品的所有权。

二、商品经销和代理文书的作用

（1）有利于厂商开拓市场，扩大销售渠道。厂商通过授予经销商、代理商独家经销权和代理权，可以调动这些商家经营该类商品的积极性，充分利用其市场开拓能力、销售渠道和销售网络扩大销售，创造良好的经济效益。

（2）有利于完善售后服务。厂商可以通过经销商、代理商直接向用户提供必需的售后服务。这既方便了用户，又由于售后服务更便捷化，从而有利于提高企业声誉。

（3）有利于避免无序竞争。有了经销商和代理商，出口企业可以避免在同一时期、同一地区多家出售该厂家产品的混乱局面，能有效避免无序竞争，促进经济秩序的良性发展。

（4）有利于维护双方利益，稳定双方协作关系。经销和代理文书，确定了双方的权利和义务关系，为双方在互惠互利的前提下，更好地开展协作提供了法律保证。

三、商品经销和代理文书的种类

商品经销和代理文书包括商品经销代理申请书、回复申请书与商品经销代理协议等。

商品经销代理申请书的格式与一般的申请书相似。内容主要说明对商品的印象、评价，自己经销代理的条件，提出经销代理的申请。

回复申请书主要答复对方的申请，说明是否同意对方的申请及同意的条件、要求等。

商品经销代理协议的格式与涉外合同相似。内容重点在于规定经销代理的权限、义务与代理佣金条款等内容。代理的内容有的是委托人寻找买主、搞中介交易，有的是代委托人缔约，权限是规定是否授予以总代理、独家代理商及约定商品的专营权。在协议中还要明确规定佣金率，以及佣金的计算方式、支付方法等。

写·作·指·南

一、商品经销和代理文书的写作格式

商品经销和代理文书一般由标题、首部、正文和尾部4部分组成。

（1）标题。写明协议书的性质，如“独家经销协议”、“外商代理协议”。

（2）首部。写明协议双方的单位名称、代表人姓名，说明签订协议的原则和目的。

（3）正文。这是协议最重要的部分，要写明双方议定的具体内容，确定权利和义务。正文中应包括以下基本条款：标的、数量和质量、价款和酬金、履行的期限、地点及方式、违约责任。另外，根据当事人的具体要求，通过协商可增加相应条款。商品经销协议要写明价格和付款条件，商品代理协议除写明价格和付款条件外，还要写明佣金。

（4）尾部。写明协议的份数和保存方式，有附件的注明附件，最后写明双方单位的全称并签名盖章，签订日期。

二、商品经销和代理文书的写作要求

1. 平等互惠

与合同一样，代理文书中的条件、要求应本着平等协商、互惠互利的原则，避免过分突出某一方的利益而损坏另一方的利益，或委曲求全，近于讨好，或只讲义务，不讲权益等不平等的内容出现。

2. 明确具体

无论是提出申请、答复申请或是签订协议，内容均要明确具体，不能模棱两可，似是而非。文中涉及的商品名称、规格、数量、质量等，以及经销的权限、时限、地区、费用等都必须规定明确、具体，避免不必要的纠纷。

3. 诚恳得体

提出申请或回复申请均要诚恳有礼，不管交易成败与否，双方都应礼尚往来，坦诚以待，不可盛气凌人或唯唯诺诺。

知识拓展

【示例】商品经销和代理文书

独家经销协议

中国××进出口公司（以下简称甲方）与××国××公司（以下简称乙方），经过友好协商，甲方同意委托乙方在××国内独家经销甲方经营的××商品，特订立协议，条款如下：

一、商品：甲方经营的××商品，规格为×××××，包装为纸箱，每箱净重××千克。

二、地区：××国。

三、销售数量：第一年经销量不得少于××吨，通过买卖双方另行签订合同实现。

四、价格和付款：价格在每笔交易时议定，甲方将根据××地区情况给予报价优惠。由乙方开立保兑的、不可撤销的、以甲方为受益人的即期汇票信用证，在中国付议，信用证的有效期须延至装运日期后的第15天在中国到期。信用证最迟须在装运月份第1天起15天开抵甲方。

五、装运口岸及目的地：××至××。

六、广告宣传：甲方免费提供有关商品的宣传文稿、图片给乙方。乙方事先应拟定广告计划，经甲方同意后进行广告宣传。有关费用甲乙双方各负担一半。

七、期限：本协议期限规定为1年，即××××年×月×日起至××××年×月×日止，如果任何一方在期满前3个月没有以书面形式通知对方不再续订，则本协议自动延续1年。

八、权利和义务：

1. 自本协议生效之日起，甲方不得向乙方以外的××国任何客户报盘，乙方不得经营其他来源所供与本协议第一条规定的商品具有相同、相似和有竞争性的产品。

2. 在本协议有效期内，乙方经销地区的其他客户，如向甲方洽购乙方所经销的商品，甲方应主动将他们介绍给乙方。

3. 在本协议期限内乙方有义务每月至少一次向甲方提供市场报告，包括市场活动情况及市场分析和展望，以及乙方所能得到的统计资料。在遇有市场变化较大的情况下，乙方有责任立即通知甲方。

九、不可抗力条款（略）

十、违约责任（略）

十一、本协议如有未尽事宜，买卖双方任何一方均可提出修改或补充建议，但必须双方同意后方始生效。

本协议中、英文本各式两份，甲乙双方各执一份，两种文本具有同等效力。

甲方　　　　　　　　　　　　　　乙方

中国××进出口公司（盖章）　　　　××国××公司（盖章）

代表（签字）　　　　　　　　　　代表（签字）

××××年×月×日

评析：本协议内容完整、格式规范。正文首先列出协议双方，并用“案款如下”过渡到具体内容，具体内容分条款逐一列出，先列限制性条款，然后规定双方的权利和义务，还附有不可抗力、违约责任的条款。并且加上“未尽事宜”条款。行文流畅、目的明确、内容齐全、简洁明了。

【学以致用】

1. 涉外函电的格式是什么样的？
2. 什么是备忘录？备忘录可分为哪几类？
3. 备忘录的适用范围有哪些？
4. 搜集涉外经济合同，举例分析说明合同的严密性、准确性体现在哪些方面。
5. 什么是涉外商情调研报告，可分为哪几类？
6. 什么是商品经销和代理文书？
7. 商品经销和代理文书有哪些作用？
8. 上海××进出口公司是一家经营纺织品的公司，专营各类棉纱、棉布、漂白布、色布、花布等，还有棉涤、呢绒及腈纶产品，其纺织品专销中东、非洲等地。该公司颇具规模，营业状况优异。近几年来已与中国香港地区有关公司建立了良好的贸易关系。为了扩大经营，该公司欲与中国台湾地区××商行建立业务关系，开展纺织品贸易，并汇有其经营商品的总目录。请为该公司拟写一份建立业务关系的函件。
9. 根据以下材料拟写一份协议类备忘录。

中国××市玩具股份有限公司与新西兰××玩具制造公司就玩具加工出口合作项目，于2011年6月26日在××市××宾馆8楼会议室进行了初步磋商，达成了如下意向：

（1）××市玩具股份有限公司每年为新西兰××玩具制造公司加工遥控电动玩具汽车30万辆，电动玩具飞船60万架，电动圣诞老人500万套。

（2）新西兰玩具制造公司无偿提供所有玩具制作所需技术资料、设备、样品等，并提供技术人员负责产品质量标准检验与人员培养等技术工作。

（3）新西兰玩具制造公司应一次性提供各类品种的原材料，并于签订正式协议后一个月内运抵××港，××市玩具股份有限公司应按照协议如期交货。暂定一年交货两次，具体交货时间与数量，待签订正式协议时确定。

（4）新西兰玩具公司支付的加工费用具体数额有待双方进一步磋商，但双方一致表示，要本着“互不影响、互不干涉”的原则，互惠互利。

（5）合作期间出现战争、地震、火灾等人力不可抗拒的现象，风险双方自负，若因市场不景气等非人力不可抗拒而发生商品滞销，风险由新西兰××玩具制造公司自负。

10. 如果中国××进出口公司（甲方）与××国××公司（乙方）由买卖关系变为代理关系，请根据商品经销和代理文书中的例文，撰写一份代理协议。双方在佣金方面达成的协议是甲方在收妥每笔货款后，将按发票金额汇付乙方5%的佣金。

附 录

国家行政机关公文处理办法

(国务院2000年8月24日发布，2001年1月1日起实施)

第一章 总则

第一条 为使国家行政机关（以下简称行政机关）的公文处理工作规范化、制度化、科学化，制定本办法。

第二条 行政机关的公文（包括电报，下同），是行政机关在行政管理过程中形成的具有法定效力和规范体式的文书，是依法行政和进行公务活动的重要工具。

第三条 公文处理指公文的办理、管理、整理（立卷）、归档等一系列相互关联、衔接有序的工作。

第四条 公文处理应当坚持实事求是、精简、高效的原则，做到及时、准确、安全。

第五条 公文处理必须严格执行国家保密法律、法规和其他有关规定，确保国家秘密的安全。

第六条 各级行政机关的负责人应当高度重视公文处理工作，模范遵守本办法并加强对本机关公文处理工作的领导和检查。

第七条 各级行政机关的办公厅（室）是公文处理的管理机构，主管本机关的公文处理工作并指导下级机关的公文处理工作。

第八条 各级行政机关的办公厅（室）应当设立文秘部门或者配备专职人员负责公文处理工作。

第二章 公文种类

第九条 行政机关的公文种类主要有：

（一）命令（令）

适用于依照有关法律公布行政法规和规章；宣布施行重大强制性行政措施；嘉奖有关单位及人员。

（二）决定

适用于对重要事项或者重大行动做出安排，奖惩有关单位及人员，变更或者撤销下级机关不适当的决定事项。

（三）公告

适用于向国内外宣布重要事项或者法定事项。

（四）通告

适用于公布社会各有关方面应当遵守或者周知的事项。

（五）通知

适用于批转下级机关的公文，转发上级机关和不相隶属机关的公文，传达要求下级机关办理和需要有关单位周知或者执行的事项，任免人员。

（六）通报

适用于表彰先进，批评错误，传达重要精神或者情况。

（七）议案

适用于各级人民政府按照法律程序向同级人民代表大会或人民代表大会常务委员会提请审议事项。

（八）报告

适用于向上级机关汇报工作，反映情况，答复上级机关的询问。

（九）请示

适用于向上级机关请求指示、批准。

（十）批复

适用于答复下级机关的请示事项。

（十一）意见

适用于对重要问题提出见解和处理办法。

（十二）函

适用于不相隶属机关之间商洽工作，询问和答复问题，请求批准和答复审批事项。

（十三）会议纪要

适用于记载、传达会议情况和议定事项。

第三章 公文格式

第十条 公文一般由秘密等级和保密期限、紧急程度、发文机关标识、发文字号、签发人、标题、主送机关、正文、附件说明、成文日期、印章、附注、附件、主题词、抄送机关、印发机关和印发日期等部分组成。

（一）涉及国家秘密的公文应当标明密级和保密期限，其中，“绝密”、“机密”级公文还应当标明份数序号。

（二）紧急公文应当根据紧急程度分别标明“特急”、“急件”。其中电报应当分别标明“特提”、“特急”、“加急”、“平急”。

（三）发文机关标识应当使用发文机关全称或者规范化简称；联合行文，主办机关排列在前。

（四）发文字号应当包括机关代字、年份、序号。联合行文，只标明主办机关发文字号。

（五）上行文应当注明签发人、会签人姓名。其中，“请示”应当在附注处注明联系人的姓名和电话。

（六）公文标题应当准确简要地概括公文的主要内容并标明公文种类，一般应当标明发文机关。公文标题中除法规、规章名称加书名号外，一般不用标点符号。

（七）主送机关指公文的主要受理机关，应当使用全称或者规范化简称、统称。

（八）公文如有附件，应当注明附件顺序和名称。

（九）公文除“会议纪要”和以电报形式发出的以外，应当加盖印章。联合上报的公文，由主办机关加盖印章；联合下发的公文，发文机关都应当加盖印章。

（十）成文日期以负责人签发的日期为准，联合行文以最后签发机关负责人的签发日期为准。电报以发出日期为准。

（十一）公文如有附注（需要说明的其他事项），应当加括号标注。

（十二）公文应当标注主题词。上行文按照上级机关的要求标注主题词。

（十三）抄送机关指除主送机关外需要执行或知晓公文的其他机关，应当使用全称或者规范化简称、统称。

（十四）文字从左至右横写、横排。在民族自治地方，可以并用汉字和通用的少数民族文字（按其习惯书写、排版）。

第十一条 公文中各组成部分的标识规则，参照《国家行政机关公文格式》国家标准执行。

第十二条 公文用纸一般采用国际标准 A4 型（210mm × 297mm），左侧装订。张贴的公文用纸大小，根据实际需要确定。

第四章 行文规则

第十三条 行文应当确有必要，注重效用。

第十四条 行文关系根据隶属关系和职权范围确定，一般不得越级请示和报告。

第十五条 政府各部门依据部门职权可以相互行文和向下一级政府的相关业务部门行文；除以函的形式商洽工作、询问和答复问题、审批事项外，一般不得向下一级政府正式行文。部门内设机构除办公厅（室）外不得对外正式行文。

第十六条 同级政府、同级政府各部门、上级政府部门与下一级政府可以联合行文；政府与同级党委和军队机关可以联合行文；政府部门与相应的党组织和军队机关可以联合行文；政府部门与同级人民团体和具有行政职能的事业单位也可以联合行文。

第十七条 属于部门职权范围内的事务，应当由部门自行行文或联合行文。联合行文应当明确主办部门。须经政府审批的事项，经政府同意也可以由部门行文，文中应当注明经政府同意。

第十八条 属于主管部门职权范围内的具体问题，应当直接报送主管部门处理。

第十九条 部门之间对有关问题未经协商一致，不得各自向下行文。如擅自行文，上级机关应当责令纠正或撤销。

第二十条 向下级机关或者本系统的重要行文，应当同时抄送直接上级机关。

第二十一条 “请示”应当一文一事；一般只写一个主送机关，需要同时送其他机关的，应当用抄送形式，但不得抄送其下级机关。

“报告”不得夹带请示事项。

第二十二条 除上级机关负责人直接交办的事项外，不得以机关名义向上级机关负责人报送“请示”、“意见”和“报告”。

第二十三条 受双重领导的机关向上级机关行文，应当写明主送机关和抄送机关。上级机关向受双重领导的下级机关行文，必要时应当抄送其另一上级机关。

第五章 发文办理

第二十四条 发文办理指以本机关名义制发公文的过程，包括草拟、审核、签发、复核、缮印、用印、登记、分发等程序。

第二十五条 草拟公文应当做到：

（一）符合国家的法律、法规及其他有关规定。如提出新的政策、规定等，要切实可行并加以说明。

（二）情况确实，观点明确，表述准确，结构严谨，条理清楚，直述不曲，字词规范，标点正确，篇幅力求简短。

（三）公文的文种应当根据行文目的、发文机关的职权和与主送机关的行文关系确定。

（四）拟制紧急公文，应当体现紧急的原因，并根据实际需要确定紧急程度。

（五）人名、地名、数字、引文准确。引用公文应当先引标题，后引发文字号。引用外文应当注明中文含义。日期应当写明具体的年、月、日。

（六）结构层次序数，第一层为“一”，第二层为“（一）”，第三层为“1”，第四层为“（1）”。

（七）应当使用国家法定计量单位。

（八）文内使用非规范化简称，应当先用全称并注明简称。使用国际组织外文名称或其缩写形式，应当在第一次出现时注明准确的中文译名。

（九）公文中的数字，除成文日期、部分结构层次序数和在词、词组、惯用语、缩略语、具有修辞色彩语句中作为词素的数字必须使用汉字外，应当使用阿拉伯数字。

第二十六条 拟制公文，对涉及其他部门职权范围内的事项，主办部门应当主动与有关部门协商，取得一致意见后方可行文；如有分歧，主办部门的主要负责人应当出面协调，仍不能取得一致时，主办部门可以列明各方理据，提出建设性意见，并与有关部门会签后报请上级机关协调或裁定。

第二十七条 公文送负责人签发前，应当由办公厅（室）进行审核。审核的重点是：是否确需行文，行文方式是否妥当，是否符合行文规则和拟制公文的有关要求，公文格式是否符合本办法的规定等。

第二十八条 以本机关名义制发的上行文，由主要负责人或者主持工作的负责人签发；以本机关名义制发的下行文或平行文，由主要负责人或者由主要负责人授权的其他负责人签发。

第二十九条 公文正式印制前，文秘部门应当进行复核，重点是：审批、签发手续是否完备，附件材料是否齐全，格式是否统一、规范等。

经复核需要对文稿进行实质性修改的，应按程序复审。

第六章 收文办理

第三十条 收文办理指对收到公文的办理过程，包括签收、登记、审核、拟办、批办、承办、催办等程序。

第三十一条　收到下级机关上报的需要办理的公文，文秘部门应当进行审核。审核的重点是：是否应由本机关办理；是否符合行文规则；内容是否符合国家法律、法规及其他有关规定；涉及其他部门或地区职权的事项是否已协商、会签；文种使用、公文格式是否规范。

第三十二条　经审核，对符合本办法规定的公文，文秘部门应当及时提出拟办意见送负责人批示或者交有关部门办理，需要两个以上部门办理的应当明确主办部门。紧急公文，应当明确办理时限。对不符合本办法规定的公文，经办公厅（室）负责人批准后，可以退回呈报单位并说明理由。

第三十三条　承办部门收到交办的公文后应当及时办理，不得延误、推诿。紧急公文应当按时限要求办理，确有困难的，应当及时予以说明。对不属于本单位职权范围或者不宜由本单位办理的，应当及时退回交办的文秘部门并说明理由。

第三十四条　收到上级机关下发或交办的公文，由文秘部门提出拟办意见，送负责人批示后办理。

第三十五条　公文办理中遇有涉及其他部门职权的事项，主办部门应当主动与有关部门协商；如有分歧，主办部门主要负责人要出面协调，如仍不能取得一致，可以报请上级机关协调或裁定。

第三十六条　审批公文时，对有具体请示事项的，主批人应当明确签署意见、姓名和审批日期，其他审批人圈阅视为同意；没有请示事项的，圈阅表示已阅知。

第三十七条　送负责人批示或者交有关部门办理的公文，文秘部门要负责催办，做到紧急公文跟踪催办，重要公文重点催办，一般公文定期催办。

第七章　公文归档

第三十八条　公文办理完毕后，应当根据《中华人民共和国档案法》和其他有关规定，及时整理（立卷）、归档。个人不得保存应当归档的公文。

第三十九条　归档范围内的公文，应当根据其相互联系、特征和保存价值等整理（立卷），要保证归档公文的齐全、完整，能正确反映本机关的主要工作情况，便于保管和利用。

第四十条　联合办理的公文，原件由主办机关整理（立卷）、归档，其他机关保存复制件或其他形式的公文副本。

第四十一条　本机关负责人兼任其他机关职务，在履行所兼职务职责过程中形成的公文，由其兼职机关整理（立卷）、归档。

第四十二条　归档范围内的公文应当确定保管期限，按照有关规定定期向档案部门移交。

第四十三条　拟制、修改和签批公文，书写及所用纸张和字迹材料必须符合存档要求。

第八章　公文管理

第四十四条　公文由文秘部门或专职人员统一收发、审核、用印、归档和销毁。

第四十五条　文秘部门应当建立健全本机关公文处理的有关制度。

第四十六条 上级机关的公文，除绝密级和注明不准翻印的以外，下一级机关负责人或者办公厅（室）主任批准，可以翻印。翻印时，应当注明翻印的机关、日期、份数和印发范围。

第四十七条 公开发布行政机关公文，必须经发文机关批准。经批准公开发布的公文，同发文机关正式印发的公文具有同等效力。

第四十八条 公文复印件作为正式公文使用时，应当加盖复印机关证明章。

第四十九条 公文被撤销，视作自始不产生效力；公文被废止，视作自废止之日起不产生效力。

第五十条 不具备归档和存查价值的公文，经过鉴别并经办公厅（室）负责人批准，可以销毁。

第五十一条 销毁秘密公文应当到指定场所由二人以上监销，保证不丢失、不漏销。其中，销毁绝密公文（含密码电报）应当进行登记。

第五十二条 机关合并时，全部公文应当随之合并管理。机关撤销时，需要归档的公文整理（立卷）后按有关规定移交档案部门。

工作人员调离工作岗位时，应当将本人暂存、借用的公文按照有关规定移交、清退。

第五十三条 密码电报的使用和管理，按照有关规定执行。

第九章 附 则

第五十四条 行政法规、规章方面的公文，依照有关规定处理。外事方面的公文，按照外交部的有关规定处理。

第五十五条 公文处理中涉及电子文件的有关规定另行规定。统一规定发布之前，各级行政机关可以制定本机关或者本地区、本系统的试行规定。

第五十六条 各级行政机关的办公厅（室）对上级机关和本机关下发公文的贯彻落实情况应当进行督促检查并建立督察制度。有关规定另行制定。

第五十七条 本办法自 2001 年 1 月 1 日起施行。1993 年 11 月 21 日国务院办公厅发布，1994 年 1 月 1 日起施行的《国家行政机关公文处理办法》同时废止。

参考文献

[1] 乔刚，谢海泉．现代应用文写作［M］．上海：立信会计出版社，2006.
[2] 赵军花．应用文写作教程［M］．上海：立信会计出版社，2005.
[3] 郗钧衡．新编现代应用文写作大全［M］．桂林：广西师范大学出版社，2003.
[4] 先国武．应用文写作基础［M］．成都：四川大学出版社，2003.
[5] 段轩如，杨杰．写作学教程［M］．北京：中国人民大学出版社，2005.
[6] 冯广珍，王振亚．270 种应用文写作方法［M］．重庆：重庆出版社，2005.
[7] 彭小平，韩红．实用公关文稿写作［M］．北京：中国水利水电出版社，1998.
[8] 张元忠．实用公务应用文写作［M］．长沙：中南大学出版社，2003.
[9] 郗仲平．新编应用写作教程［M］．北京：首都经济贸易大学出版社，1997.
[10] 王光祖，杨荫浒．写作［M］．上海：华东师范大学出版社，1999.
[11] 郭光华．新闻写作［M］．北京：中国传媒大学出版社，2006.
[12] 刘明华，徐泓，张征．新闻写作教程［M］．北京：中国人民大学出版社，2002.
[13] 率蕴铤，陈空北．诉状写作方法与技巧［M］．北京：中国政法大学出版社，1994.
[14] 倪卫平．现代经济写作［M］．北京：人民交通出版社，2005.
[15] 赵福洲，方百祺．外经贸业务应用文写作［M］．上海：华东理工大学出版社，2003.
[16] 欧阳洁，周道生．实用经济文稿写作［M］．北京：中国水利水电出版社，1998.
[17] 俞纪东．经济写作新编［M］．上海：上海财经大学出版社，1996.
[18] 郭小红．财经文书写作［M］．珠海：珠海出版社，2000.
[19] 张保忠．中国实用经济文书例释［M］．天津：天津人民出版社，2000.
[20] 文渊．最新现代应用文写作技巧与标准范例［M］．北京：蓝天出版社，2004.
[21] 张武华，谢伟芳．最新应用文写作［M］．北京：中国经济出版社，2004.